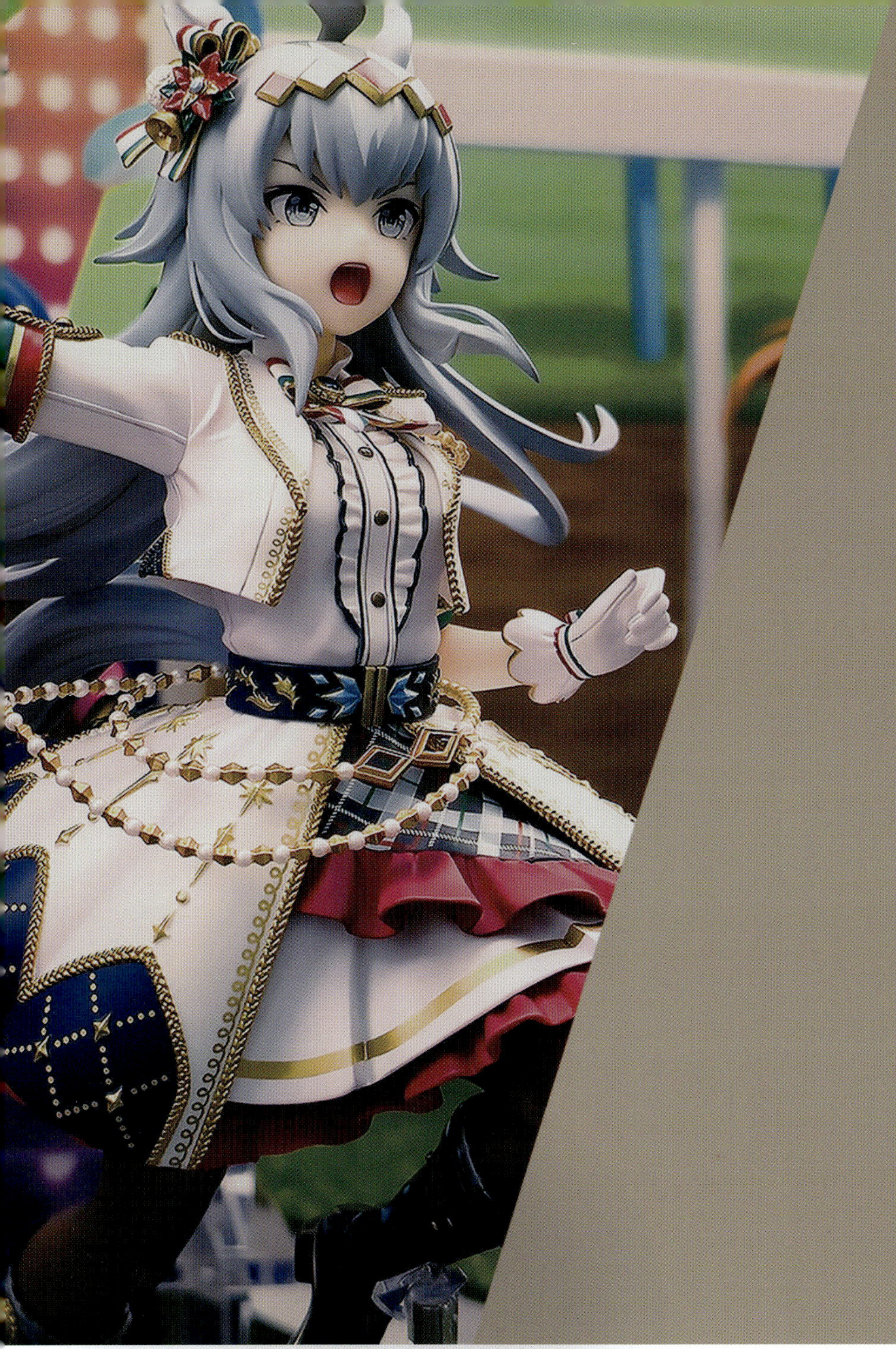

REBOOT
게임그리고서브컬처

서브컬처 피규어 전시회
JS 갤러리 시즌 2.5

JS GALLERY 시즌 2.5
REBOOT — 게임, 그리고 서브컬처

게임은 끝났습니다.
하지만 이야기는 **여기서 다시 시작**됩니다.

이번 시즌 2.5 REBOOT에서는
더 넓어진 **서브컬처 존**,
새롭게 등장한 **버튜버 피규어**,
그리고 시선을 사로잡는 **이색 포토존**까지.

다양한 이벤트가 준비된
완전히 새로워진 JS 갤러리에서
당신의 **다음 이야기**를 만나보세요.

전시 요금
성인 10,000원
청소년 8,000원 (만 20세 미만)
(만 7세 미만 영유아 보호자 동반시 무료 입장)

입장권 구매처
현장 결제
네이버 스마트 플레이스
예약은 우측 QR코드 참고

주차 안내
JS 갤러리 지하 1층 주차장 (30분 무료 주차, 초과시 유료)
인근 공용 주차장

JS GALLERY

Anithing

안녕하세요. 애니띵 4호를 손에 들어주신 독자 여러분, 진심으로 사랑하고 감사드립니다. 지난 7월, 저는 여러 일들로 큰 좌절과 깊은 상심을 겪고 있었습니다. 사실 애니띵을 준비하면서 가장 자주 마주한 감정은 '무시'와 '거절'이었습니다. 이제 막 시작한 지 1년도 채 되지 않은, 인지도 없는 작은 지류 매거진. 그것은 너무도 힘든 길이었습니다. 발행할 때마다 적자를 감수해야 했고, 생활은 점점 더 빠듯해졌습니다. 그래서 솔직히 수 없이 흔들렸습니다. "계속하는 게 맞을까? 가정과 건강을 포기하면서까지 이어가야 하는 걸까?"라는 질문을 매일같이 던졌습니다. 하지만 이상하게도 원고를 준비하다 보면, 저는 또다시 서브컬쳐의 매력 속으로 빠져들고 있었습니다.

한 명 한 명의 인터뷰를 읽다 보면, 전혀 몰랐던 이야기와 새로운 관심사가 생겨납니다. 콘텐츠 하나하나를 조사하고 준비하다 보면 어느새 또 하나의 덕질이 생겨납니다. 한 장 한 장 사진을 찍어서 페이지를 만들다 보면 어느새 마음이 즐거워집니다.

그렇게 저는 또다시 웃으며 4호를 만들 수 있었습니다.
독자 여러분께 조금이라도 더 좋은 콘텐츠를 전해드리기 위해 배우고, 새로운 인연을 찾고, 도움을 청하며 한 걸음씩 나아가고 있습니다.

이제 다음은 애니띵 5호, 1주년 기념호입니다. 처음 이 길을 시작했을 때는 상상하지도 못했던 순간이지만, 지금 이렇게 독자분들께 감사의 인사를 드릴 수 있다는 사실이 제겐 무엇보다 큰 힘이 됩니다. 기대해 주셔도 좋습니다.
여러분 덕분에, 저는 여전히 이 길을 걸어가고 있습니다..

#anithing #1st #tumblbug #6m

레고 파리레스토랑	004
아미아미	016
제1회 원더페스티벌	022
홍실장의 강림	048
절도의 미학, 소드	060
도쿄 피규어	068
굿스마일	076
FEXT	086
베어브릭xMCM	098
악구리 카드	104
희소성의 큐레이터, 캥여사	114

메이드카페의 모든것 —— 122

라이브아이돌 하피즈 —— 136

환상의 변주, 리엔 —— 146

감성의 선율, 토비 —— 156

경쾌한 선의 마법, 슬링키 —— 164

변신의 멜로디, 밤양갱 —— 172

1/6 하이엔드 액션 피규어 —— 180
히스레저 조커

귀여움을 만드는 장인, —— 198
마키

서브 투 메인 —— 205

파리 레스토랑

레고속 파리지앵 라이프

레고의 모듈러 시리즈 중에서도 '파리 레스토랑'은 특별하다. 낭만의 도시 파리를 축소한 듯한 외형, 층마다 다른 이야기를 담은 구성, 그리고 정교한 디테일은 수많은 애호가들의 마음을 사로잡았다. 이 세트는 단순한 건축 모형이 아니라 5명의 미니피규어가 이끄는 작은 드라마다. 지금부터 각 층을 따라 그들의 이야기를 살펴보자.

모델명	LEGO Creator Expert 10243 Parisian Restaurant
브릭 수	2,469개
출시 연도	2014년
출시 가격	209,900원 (출시 당시 기준)
크기	높이 30cm, 깊이 25cm, 가로 25cm

레고 모듈러 10243

1F 레스토랑 'Chez Albert' 사랑이 시작되는 공간

1층 공간에 자리한 'Chez Albert'는 이 도시의 숨은 맛집이다. 내부엔 벽돌 오븐과 주방, 외부에는 노천 테라스가 조성되어 있어 미니피규어들의 생생한 식사 풍경을 연출한다.

셰프 Albert(알베르트)

하얀색 셰프 모자와 앞치마를 두른 중년 요리사. 불꽃이 피어오르는 오븐 앞에서 '스테이크 오 푸아브르'를 굽고 있다. 요리를 할 때면 그는 완전히 몰입한 얼굴로 조리대 위의 모든 도구를 예술 작품 다루듯 사용한다. 그에겐 이 레스토랑이 일터이자 자부심 그 자체다.

웨이터 Henri(앙리)

와인과 접시를 능숙하게 서빙하는 청년. Henri는 손님의 말 한마디, 눈빛 하나에도 즉각 반응하는 섬세한 감각의 소유자다. 오늘도 그는 Louis(루이)의 신호에 맞춰 테이블 옆을 지나가며, 조용히 반지 상자를 올려놓는다.

커플 Louis(루이) & Sophie(소피)

분위기가 심상치 않은 커플이 앉아있다. Louis(루이)는 한 손에 반지를 들고 긴장된 표정으로 Sophie(소피)를 바라보고, 그녀는 아직 모르는 듯 수줍게 웃고 있다. 바닥의 타일, 촛불의 흔들림, 벽난로의 열기까지 모든 것이 이 순간을 축복하는 듯하다.

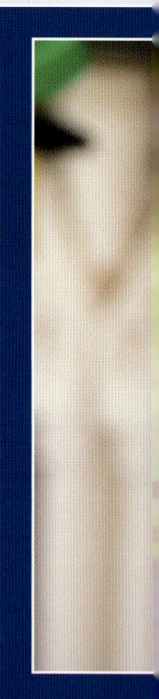

LEGO Creator Expert 10243 Parisian Restaurant

레스토랑 창밖에는 클래식한 간판이 파리의 골목을 떠올리게 한다. 노천 테이블 위의 촛불과 와인잔은 미니어처임에도 놀랄 만큼 생생하며, 작은 공간에서 이루어지는 이 약혼의 장면은 정적인 모형을 넘어 하나의 이야기로 탄생한다. 이곳에서 사랑은 조용히 시작되었다.

LEGO Creator Expert 10243 Parisian Restaurant

 **아파트와 루프 테라스**
일상과 낭만이 공존하는 생활 공간

2층은 레스토랑 운영으로 하루를 바쁘게 보낸 셰프 Albert(알베르트)의 개인 공간이다. 풀다운 머피 침대와 작은 주방, 벽난로까지 아늑하게 구성된 이 공간은 알베르트에게 유일한 쉼터다. 하루의 마감 후, 그는 조리복을 벗고 평범한 차림으로 돌아와 벽난로 앞에 앉는다. 자작자작 타오르는 장작 소리를 ASMR 삼아 침대에 누우면, 따뜻한 불빛과 함께 피로가 스르르 녹아내린다.

그는 때때로 이 공간에 마주 앉아 오늘 서빙된 메뉴들을 떠올리며 자신에게 점수를 매기곤 한다. 하지만 그는 이 공간에서 요리는 하지 않는다.

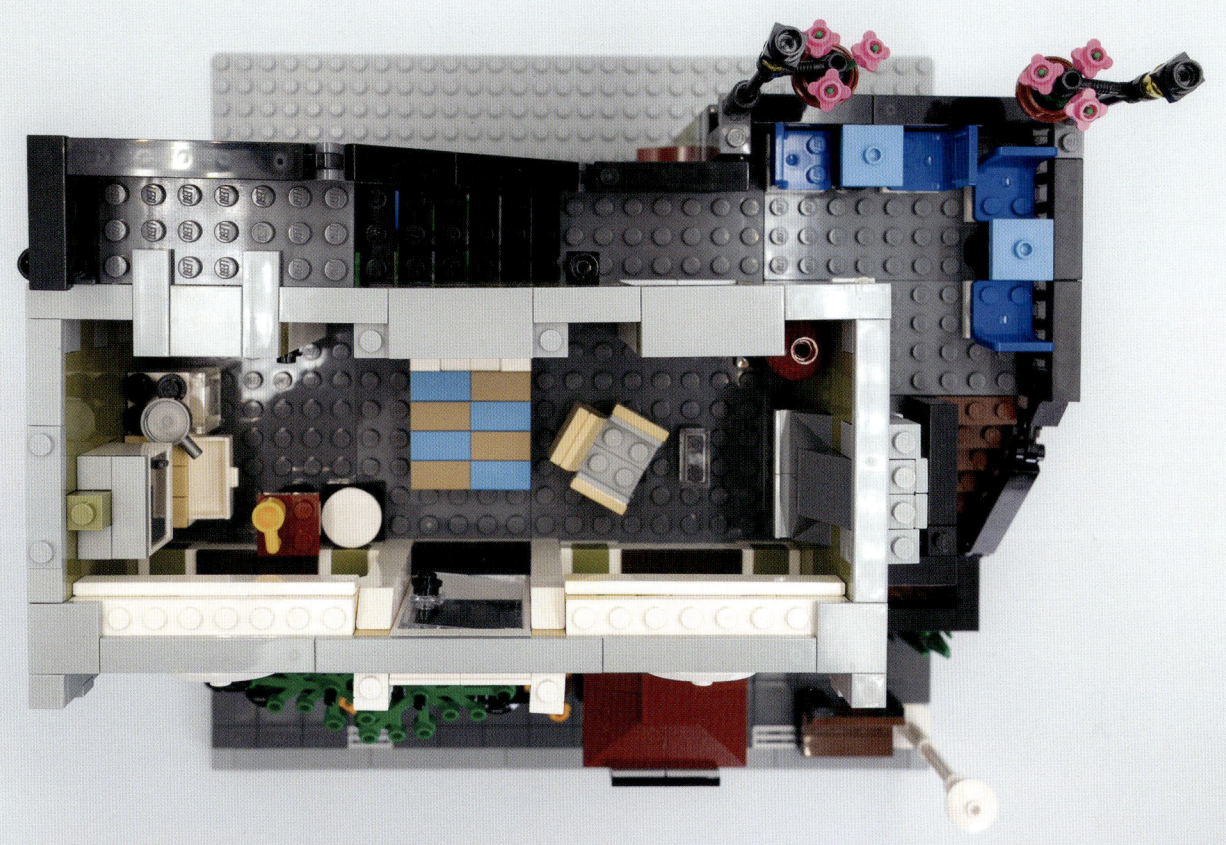

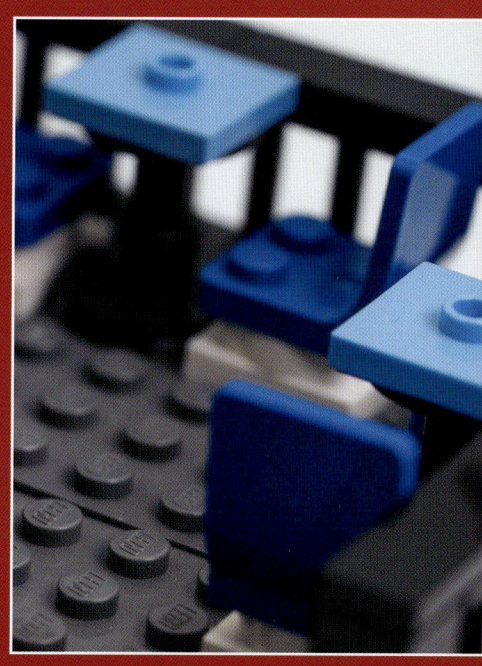

3F 예술가의 스튜디오
창작과 고독의 공간

최상층 다락방은 젊은 남성 화가 Jason(제이쓴)의 작업실이다. 접이식 지붕을 열면 작은 이젤, 반복적인 패턴 형식의 추상 회화 캔버스, 팔레트와 붓, 난로 등이 정갈하게 배치되어 있다.

Jason(제이쓴)

긴머리를 한 화가 제이쓴. 그는 반복적인 패턴과 기하학적 구성을 통해 파리의 리듬과 정서를 표현하는 예술가다. 그림은 특정 장면을 묘사하기보다는, 색과 배열로 분위기와 감정을 시각적으로 암시한다. 하루 종일 붓을 들고 창가에 앉아 있는 그는 도시의 움직임에서 영감을 얻는다.
그는 때론 캔버스 앞에서 한참을 멍하니 있다가, 갑자기 강렬한 붓질을 몇 번 하고는 다시 고요해지기도 한다.

이곳은 조용하지만 직관적인 감각이 깃든 공간이다. Jason(제이쓴)은 지붕 창문을 살짝 열어 파리 골목의 소음과 바람 소리를 느끼며, 다음 패턴의 구조를 상상한다. 그의 화실에는 음악도 TV도 없지만, 빛의 방향과 거리의 소리만으로도 충분히 이야기가 만들어진다.

LEGO Creator Expert 10243 Parisian Restaurant

손 끝에서 완성되는 파리의 작은 레스토랑

레고 10243 파리 레스토랑은 클래식한 프렌치 감성과 디테일, 스토리텔링이 완벽하게 어우러진 명작 모듈러 세트다. 곡선 발코니와 아치, 예술적인 장식, 현실적이면서도 낭만 가득한 외관과 더불어 각 층마다 살아 있는 이야기가 녹아 있어, 단순한 건축 모형을 넘어선 드라마가 만들어졌다.

2,469피스의 풍성함과 다양한 조립법, 친절한 설명서로 입문자부터 마니아까지 모두 즐길 수 있으며, 다른 모듈러와의 연결성도 뛰어나 작은 브릭 도시의 시작이 되기에 충분하다.

아쉬운 점이라면 일부 공간의 협소함이나 미니피겨 수의 제한 정도가 있으나, 오히려 사용자 커스텀을 통해 창의적으로 확장할 수 있는 여지가 된다.

정리하면, 파리 레스토랑은 감성과 실용성, 전시와 플레이, 건축적 아름다움과 스토리텔링을 모두 아우르는 프리미엄 모듈러다. 프렌치 도시의 낭만, 디오라마의 재미, 창의적 조립의 즐거움을 모두 원하는 이들에게 강력히 추천할 수 있는 레고라고 할 수 있다.

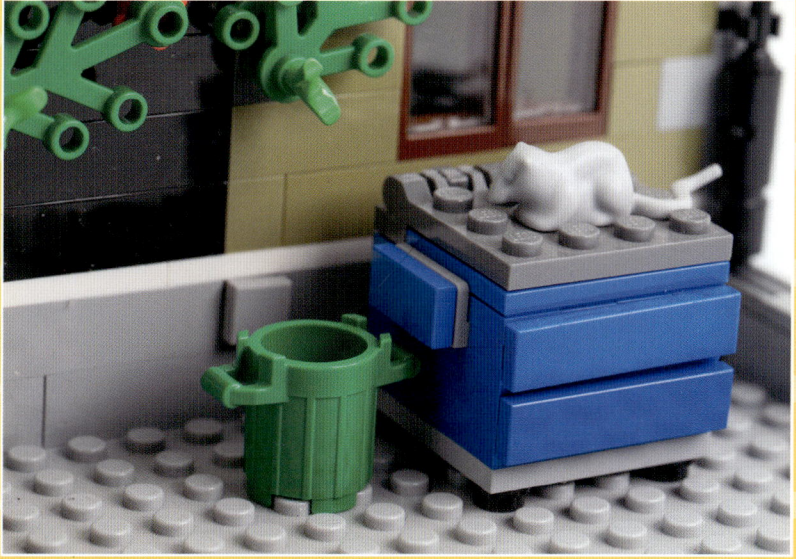

LEGO Star Wars™ UCS 데스 스타 공개

궁극의 갤럭틱 아이콘, 9,023피스로 완성되다

레고 그룹은 스타워즈 팬과 전 세계 레고 빌더들을 위한 새로운 궁극의 수집가용 세트를 선보였다. 이번에 공개된 LEGO® Star Wars™ Death Star™ – Ultimate Collector Series(세트 번호 75419)는 무려 9,023개의 브릭으로 구성된 초대형 세트로, 영화 속 상징적인 우주 요새를 압도적인 디테일과 스케일로 재현한다.

이 제품은 수직 디오라마 형식으로 설계되어 데스 스타 내부를 한눈에 볼 수 있도록 구성되었다. 팬들은 영화 '스타워즈: 새로운 희망'과 '제다이의 귀환'의 주요 장면을 그대로 경험할 수 있다. 쓰레기 압축실, 황제의 왕좌실, 레아 공주의 감방, 트랙터 빔 제어실, 제국 셔틀 격납고까지 세밀하게 구현되었으며, 조립 과정에서의 몰입감은 물론 완성 후 전시 가치 또한 탁월하다.

세트에는 총 38개의 미니피규어가 포함된다. 루크 스카이워커, 한 솔로, 레아 공주, 다스 베이더, 팰퍼틴 황제는 물론, 팬들에게 친숙한 드로이드와 제국군 캐릭터들이 다수 포함되어 있다. 특별히 레고 스타워즈 게임을 오마주한 '핫텁 스톰트루퍼' 피규어도 유머러스하게 더해져, 수집가들에게 색다른 즐거움을 선사한다.

레고 역사상 1,000달러 (출시 가격 999.99달러)의 벽이 깨지는 순간이며, 다소 높은 가격에 비해 데스 스타의 특징인 구 형태로 만들어지지 않은 것, 가격 대비 전체적인 퀄리티, 특히 미니 피규어의 디테일이 아쉽다라는 평이 있다. 한편으로는 공간 부족으로 인한 고민이 많은 콜렉터들에겐 또 매리트가 있는 제품이기도 하다. 국내 출시 가격은 1,399,900원으로 책정되었다. 레고 인사이더 회원은 2025년 10월 1일부터 얼리 액세스를 통해 먼저 구매할 수 있으며, 일반 판매는 10월 4일부터 시작된다. 또한 10월 1일부터 7일 사이에 구매하는 소비자에게는 특별 증정품으로 TIE 파이터와 제국 격납고 랙(세트 번호 40771)이 제공된다. 한정 수량으로 준비되는 이 프로모션은 빠른 소진이 예상된다.

이번 UCS 데스 스타는 단순한 조립 키트를 넘어, 스타워즈와 레고가 함께 구축해온 문화적 유산을 상징한다. 압도적인 브릭 수와 정교한 장면 재현, 방대한 미니피규어 구성은 팬들에게 또 하나의 "꿈의 세트"로 자리 잡을 것이다.

Issue, July   03.July ~ 06.July, 2025. USA

amiami NEWS

【아미아미 여름 이벤트 총집합!】 이번 여름, 아미아미는 국내외를 넘나들며 많은 이벤트에 출전하였습니다! 그 모습을 여러분들께 살짝 보여드릴게요!

Anime Expo 2025 (미국)

미국 로스앤젤레스에서 매년 개최되고 있는 미국 최대 오타쿠 이벤트「Anime Expo」! 아미아미도 2023년부터 꾸준히 참가하고 있는데요. 올해에도 다양한 컨텐츠를 가지고 기업 부스를 출점했습니다!
앰버서더로 많은 활동을 해 주신「니노마에 이나니스」님에게 헌정하는 메세지 벽면! 이벤트 기간 내내 많은 팬분들이 참여해 주셨답니다~
「동방 후모후모 인형 시리즈」를 시작으로 한 다양한 한정 상품을 판매하였습니다!

마스코트 캐릭터 아미코짱의 새 일러스트를 이용하여 부스 벽면 디자인은 물론, 특전으로 가방과 부채를 제작해 방문해 주신 분들께 선물로 증정하였답니다!

【개최 개요】

이벤트명 Anime Expo 2025
개최 일시 2025년 7월 3일 (목)~7월 6일 (일) (현지시간기준)
개최 장소 Los Angeles Convention Center

2025 만화박람회 (대만)

올해 처음으로 참가한 대만 최대 규모의 애니메이션/게임/종합 취미 이벤트입니다!
아미아미 부스에서는 전시와 판매를 중심으로 방문객 분들께 다양한 체험을 제공하였습니다.
버텍스「엘프 마을」관련 특별 전시를 전개하였습니다! 이와 함께 해외 이벤트 한정 상품인 제 8 마을 사람 세실/제 5 마을 사람 쿠쿠루 목욕ver.의 한정 컬러 버전을 판매하였습니다. (한국에서도 만나실 수 있을지도...?)
이벤트 회장에서만 받을 수 있는 특전도 배부하였습니다!

【개최 개요】
이벤트명 제 24회 만화박람회
개최 일시 2025년 7월 24일 (목)~2025년 7월 28일 (월) (현지시간기준)
개최 장소 타이페이 세계 무역 센터 1호관

Issue, July   11.July ~ 13.July, 2025. China

BilibiliWorld 2025 (중국)

중국 최대의 애니메이션 이벤트 중 하나인 『BilibiliWorld 2025』에도 참가했습니다! 중국에서 큰 인기를 자랑하는 동방 후모후모 인형의 새로운 시리즈 「17cm 버전」을 최초 공개! 선행 판매도 진행했답니다 아미아미를 대표하는 상품인 피규어도 풍성하게 전시했습니다!

[개최 개요]
이벤트명　BilibiliWorld 2025
개최 일시　2025년 7월 11일 (금)~
　　　　　7월 13일 (일)(현지시간기준)
개최 장소　상하이 국가회전중심 (NECC)

원더 페스티벌 2025 [여름] (일본)

올해 한국에서도 개최되어, 전 세계적인 이벤트가 되어가고 있는 원더 페스티벌! 아미아미는 피규어 판매점이라는 이름에 걸맞는 부스를 내세웠는데요.
80사에 이르는 피규어 제조사들의 원형/데코마스는 물론, 제작 발표와 동시에 처음으로 공개되는 피규어들도 다양하게 전시하였답니다! 아미코짱 상품 쇼케이스도 있었어요!

【개최 개요】
이벤트명 원더 페스티벌 2025 [여름]
개최 일시 2025년 7월 27일 (일)
개최 장소 마쿠하리 멧세

Issue, August   01.August ~ 11.August, 2025. Japan

Issue, August   01.August ~ 11.August, 2025. Japan

아미코전 -Amico Exhibition-

아미아미 25주년 기념하여 마스코트 캐릭터 아미코짱의 첫 단독 개인전을 개최했습니다!
인기 일러스트레이터 16인이 그린 「아미코짱」의 역대 일러스트를 한 곳에 모았습니다!
기존에 판매했던 굿즈들은 물론, 아미코전 한정 굿즈들도 풍성하게 준비했답니다!
한국에서도 전시되었던 아미코짱의 마법소녀 의상도 전시했어요!

아미아미 글로벌 사이트

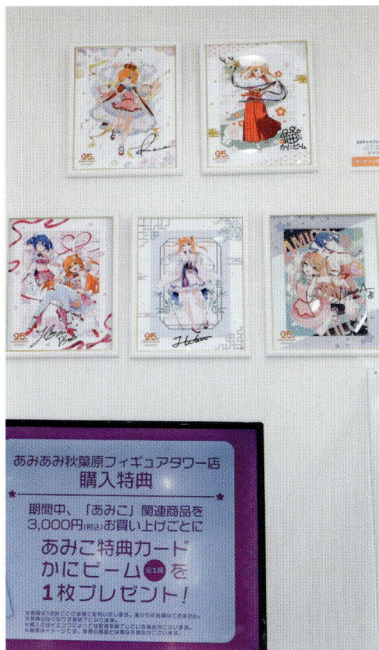

Wonder Festival
원더페스티벌

원더페스티벌(Wonder Festival)은 1984년 일본 도쿄에서 제네럴 프러덕츠에 의해 시작된 세계 최대 규모의 피규어·조형 아트 행사입니다. 처음에는 개러지 키트(아마추어 및 소규모 창작자들이 만든 캐릭터 피규어 등)를 판매하는 소수의 팬 행사였으나, 시간이 흐르면서 일본 내외 서브컬처와 크리에이터들이 집결하는 글로벌 축제로 성장했다. 독창적인 조형물, 캐릭터 굿즈는 물론 각종 IP 기반 창작물, 코스프레, 공연, 체험 이벤트 등이 어우러지며 서브컬처 생태계의 비전을 보여주는 장으로 자리잡았다.

원더페스티벌의 의미는 단순한 '피규어 장터' 그 이상이다. 원더페스티벌의 제도적 핵심은 '당일판권(One Day License)'이다. 행사 당일·회장 한정으로 특정 IP의 제작·전시·판매를 허가받는 구조로, 아마추어 창작을 제도권으로 끌어올린 장치다. 일본 본가의 가이드라인은 위반 시 전체 디러(딜러)에게 불이익이 갈 수 있음을 명시하며, 예외·불가 IP(예: 일부 대형 게임사, 실존 인물 등)를 구체적으로 안내한다.

반도의 중년

"작품을 진열하지 않는다. 장면을 세운다."

부산 모형계의 스타 모델러 반도의중년은 원더페스티벌 2025 코리아에서 자신만의 애니 도색(Anime Painting)과 연출 감각으로 부스를 '컷(scene)'처럼 만들었다. AKIRA, 공각기동대, 건담, 드래곤볼, 귀멸의칼날 등 아이콘을 자신만의 언어로 재맥락화한 전시. 관객은 완성품을 '보는' 게 아니라, 장면에 들어가는 경험을 했다.

GBWC·GPC·MODEROID 등 각종 대회에서의 우승 경력과 애니 도색으로 대중적 인지도를 확보 국내 매체가 "모형계 인기스타"로 소개. 애니 도색의 핵심(블랙 라인, 3분할 명암)도 직접 설명해 온 바 있다.
니쿠내쿠와 협업한 1/10 RX-78-02 리페인트는 포토스폿이 되었고, 부산 갤러리 '수집가'를 거점으로 SNS-현장-아카이브를 잇는 '장면형 큐레이션'을 확장 중이다. 그의 작업은 선과 면의 대비로 형태를 또렷하게 하고, 웨더링과 광원 배치로 화면 밖의 이야기를 상상하게 한다. 베이스와 배경까지 포함한 세팅을 통해 '작품 진열'이 아닌 '씬 구성'을 지향하며, 근접 촬영에도 가독성이 높은 것이 장점이다.
반도의 중년 작품은 매번 애니띵에 수록되고 있지만 질릴 수가 없는 작품 라인임은 틀림없다. 추후 꼭 단독 기획 페이지를 담고 싶기에 짧게 마무리 한다.

Wonder Festival

반도의 중년

FANTASCALE

"피규어를 올리는 바닥이 아니라, 캐릭터가 '살아온 세계'를 깔아준다."

판타스케일은 피규어를 '전시'하는 법을 다시 말했다. 피규어를 받치는 바닥이 아닌, 이야기를 세우는 무대, 그들이 들고 온 디오라마 베이스와 다이킷은 전시장 한가운데 작은 세계들을 소환했다.

판타스케일은 작가 마스터베이스(Masterbase), 매드(Mad) 중심의 2인 팀으로 3D 설계를 바탕으로 디오라마, 전용 베이스(다이킷)를 자체 제작·전개한다.

작품은 완성 피규어를 빛내기보다 장면 자체를 구축하는 데 초점을 둔다. 그래서 이들의 베이스는 '받침'이 아니라 독립된 조형물에 가깝다.

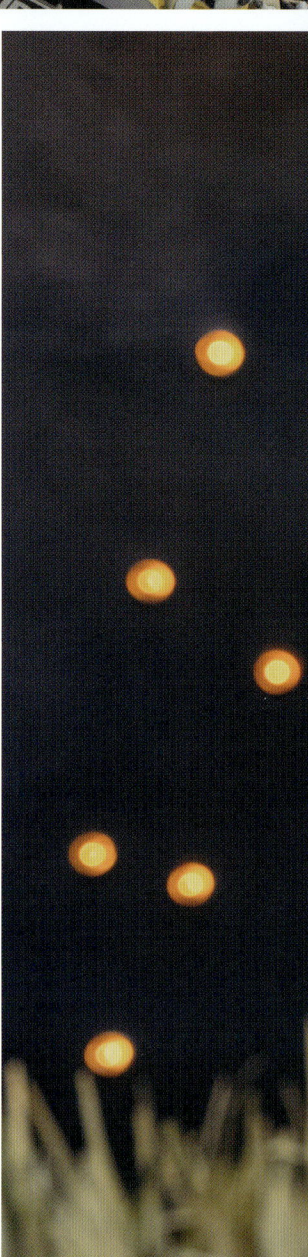

당초 56점 전시 계획은 준비 과정에서 61점으로 확대됐다. 개장 직후 대기열이 형성됐고, 전시대는 '작품, 베이스, 광원'의 삼각 구도로 구성되어 관람 동선이 자연스럽게 흐르도록 설계됐다.

베이스 단품부터 장면형 디오라마, 소형 연출 파츠까지 폭넓은 가격대와 난이도로 구성해 초심자부터 헤비 컬렉터까지 커버한 점도 인상적이었다.

Wonder Festival

로파 스튜디오

"1/6 의상으로 세계를 재현하다"

로파스튜디오는 '피규어 중심' 전시의 관성을 뒤집었다. 그들이 가져온 것은 조형물이 아니라 의상이었다. 정밀 봉제·재단·패턴으로 축소된 1/6 하이엔드 코스튬. 디오라마와 조형 사이, 착장이라는 제3의 영역이 관람객의 발걸음을 붙잡았다.

실물 사이즈를 1/6로 축소한 "하이엔드 피규어용 축소 의상 제작 전문 브랜드"다. 원더페스티벌 코리아 공식 출전 소개에서도 작가 닉네임 '미교'와 함께 이 정체성이 명확히 제시됐다. 브랜드의 출발점은 2018년 'Rainman(이창근 작가)'의 의상 제작 의뢰. 100% 수작업 기반의 사실적 축소 재현을 미학으로 삼아 라인업을 확장해 왔다.

전시는 마네킹식 토르소, 완성 피규어 착장, 패턴 샘플 등을 복합 배치해 "의상이 곧 캐릭터의 서사"임을 설득력 있게 보여줬다. 브랜드는 1/6 테일러링의 고도화를 계속 예고하고 있다. 영화·드라마 레퍼런스에서 오리지널 디자인 군까지 확장하면, 원더페스티벌의 개별 창작(IP) 생태계와도 더 촘촘히 접속할 수 있다. 업계 협업으로 축적한 노하우를 토대로, 차기 회차에선 커미션·리미티드 런 등 운영 유연성도 기대된다.

Wonder Festival

하비카페 에이스

"테이블 위의 새로운 세계"

하비카페 에이스는 워해머 40,000을 전면에 내세워 "피규어 중심"의 장에 미니어처 게임·페인팅·커뮤니티라는 제3의 축을 끌어들였다. 붉은 톤의 Ynnari(Aeldari) 팀을 앞세운 쇼케이스와 현장 데모, 입문 상담은 원페의 스펙트럼을 한 칸 더 넓혔다.

하비카페 에이스는 부산을 거점으로 한 미니어처 게임 카페·숍. 온라인 스토어와 오프라인 공간을 함께 운영하며 워해머/보드게임 등 취미 커뮤니티의 허브를 자처한다.
키워드는 "워해머 체험형 부스". 파트너 팀 다이스갓(Dicegod)과 함께 도색 작품 전시, 게임 데모, 입문 상담, 커뮤니티 활동 소개까지 '보는 것→해보는 것'으로 동선을 확장했다. 팀의 현장 공지와 해시태그에서도 두 팀의 협업 구조가 확인된다.
특히 전시된 피규어들의 정교한 도색과 연출을 보면 발걸음을 뗄수가 없게 된다.

하비카페 에이스의 장점은 "입문 장벽을 낮추는 운영"이다. 피규어 미학과 룰 체험을 한자리에서 연결해, 관람객에게 '사고 싶은 마음'과 '해보고 싶은 마음'을 동시에 자극한다. 원페가 조형의 축제라면, 이 부스는 그 조형물이 게임으로 살아 움직이는 순간을 보여줬다.
부산 거점의 상시 운영과 협력 동호회(다이스갓)의 교육·부트캠프 노하우가 결합하면, 행사→지역 커뮤니티로 이어지는 선순환이 견고해질 것이다.

Wonder Festival

하비카페에이스

Lithium_k

"거인의 나라"로 소환한 장중한 상상력

Lithium_k은 첫 한국 원더페스티벌에서 '거대한 것의 아름다움'을 조형으로 풀어냈다. 작가는 '거인의 나라'라는 오리지널 세계관을 전면에 세우고, 철과 리벳의 질감이 살아 있는 아이언 골렘 '두정갑(頭釘甲)' 콘셉트로 관객의 발걸음을 멈춰 세웠다. 브랜드/팬 중심의 장에 순수 창작 세계관을 뚜렷하게 제시한 몇 안 되는 부스였다.

Lithium_k는 토이·프로덕트 디자인 업계에서 활동해 온 작가의 아티스트 핸들이다. 본인의 프로필에는 Toy Designer / Structural Designer / YLAB 아티스트 등 경력을 소개하고 있으며, 별도 계정에는 Blitzway 총괄·5PRO Studio 제품 디자이너로 일한 이력이 기재돼 업계 실무 기반의 미감을 확인할 수 있다. 또한 원더페스티벌 상하이 참가 경험을 공개해, 아시아 주요 조형 행사에서 활동 반경을 넓혀온 점도 눈에 띈다.

핵심 키워드는 '거인의 나라'. 포스트·앨범에서 확인되는 대표 모티프가 바로 아이언 골렘 '두정갑'으로, 금속 판재·리벳·갑주 이미지를 현대적인 실루엣으로 재해석했다. 결과적으로 "미니어처=작은 것"이라는 고정관념을 깨고, 거대함의 서사를 축소 비율 안에 응축하는 방식으로 조형적 긴장감을 만들었다.
원더페스티벌 코리아가 보여준 '브랜드 쇼케이스 × 개인 창작'의 이중 구조에서, Lithium_k는 개인 창작의 서사력으로 기억될 만한 포인트를 만들었다.

Lithium_k의 매력은 규모감의 설계다. 큰 것을 크게 만드는 건 쉽다. 작은 스케일에서 큰 존재감을 설득하는 건 어렵다. '두정갑'이 상징하는 금속·장갑의 시각 언어는 단순히 튼튼함을 말하지 않는다. 거대한 존재가 가진 느린 시간, 그 웅숭깊은 체감감이 작품에서 흘러나온다. 원더페스티벌이 '만드는 사람과 모으는 사람'을 직선으로 잇는 행사라면, 이 부스는 그 직선 위에 세계관이라는 두께를 더했다. 또한 해당 세계관으로 웹툰을 기획 중이라는 이야기로 많은 관심을 이끌었다.

박기영

원더페스티벌 2025 코리아 개인존에서 박기영 작가는 신작 1/4(쿼터) 액션 피규어 '이순신 장군'을 현장 최초 공개했다. 대중적 역사 아이콘을 하이엔드 액션 피규어의 언어로 번역해, "국내 창작 × 한국사 모티프"의 가능성을 또렷하게 제시한 부스였다.

박기영은 커스텀·하이엔드 액션 피규어를 축으로 활동해 온 조형·도색 작가이다. IG에서 원더페스티벌 코리아 참가(D24)와 함께 "1/4 이순신 장군 액션 피규어 당일 공개"를 공지하며 작품 방향을 명확히 알렸다. 행사 종료 뒤에는 현장 소회를 전하는 포스트로 관람객에게 감사 인사를 남겼다.

키워드는 "역사 아이콘의 현대적 재현". 스태츄가 아닌 액션 피규어 포맷을 택해, 장군의 위상을 포징/연출로 체험하게 만든 점이 차별점이다. 대형 스케일(1/4)과 '무장·형상'을 강조한 디스플레이로, 관객은 정면 위용–사선 역동–근접 질감을 오가며 다양한 '장면'을 뽑아낼 수 있었다.

국내 첫 원페가 제시한 창작자–팬 직접 접점의 무대에서, 박기영 부스는 국내 서사 자산 '이순신 장군'을 글로벌 피규어 문법으로 풀어낸 사례로 의미가 크다. "IP→피규어"가 아닌, 역사 상징→현대 조형 포맷의 역번역을 통해 한국 창작 피규어의 서사 확장성을 증명했다.

많은 창작 부스가 오리지널/2차창작 IP로 경쟁하는 장에서, '역사 실존 인물의 캐릭터화'는 강력한 차별점이었다. 특히 액션 포맷의 선택은 '존경'이라는 정적 감정을 연출 가능한 동적 경험으로 전환한다. 실제로 본인은 없으나, 전시 되어있는 피규어의 헤드와 무장의 도색과 디테일은 살아있는 이순신 장군을 눈앞에서 목격한 듯한 느낌을 주는 작품이었다.

작가는 사후 클래스·커뮤니티 프로그램으로 관심을 이어가고 있다. 차기 회차에선 무장 파츠 변형/의복 개량/장면용 베이스 등 액션 포맷의 이점을 극대화한 전개가 기대된다. 첫 공개가 '장군의 위용'을 보여줬다면, 다음은 장군의 이야기를 더 많이 들려줄 차례다.

Wonder Festival

PECOPOCO

"레트로 가전이 영혼을 얻는 순간"

일본 작가 ぺこぽこ(pecopoco)는 귀여운 미소녀도, 잘 생긴 미남도 들고 오지 않았다. 대신 "지극히 소박한 오리지널 메카"만을 고집한다. 낡은 주방·가전이 다리가 돋고, 미터기가 뛰고, 은은한 조명을 밝히는 그 순간—관객은 한 호흡 뒤에 미소를 터뜨린다.
원더페스티벌에서 판매해 온 오리지널 가라지 키트 중심의 개인 작가이다. 상점 소개에도 "원페에서 판매하는 오리지널 GK들"이라 못박는다.

대표 시리즈로는 〈가젯트 고스트(ガジェットゴースト)〉 시리즈가 있다. 케틀(주전자)는 손끝 사이즈에 압축된 리벳, 파이프 라인이 포인트이다. '아저씨', '아가씨' 등 소소한 바리에이션이 있어 컬러링으로 성격이 달라진다.
라테카세는 70~80년대 라디오, TV, 카세트 일체형 가전을 모티브로 조립식 LED 기판과 USB-C 연결로 계기판이 실제로 발광한다.
칸테라(랜턴)는 엔티크 질감의 웨더링과 광원 연출이 매력적이다. 어두운 배경에서 '숨 쉬는 빛'을 구현한다.

행사 직후 작가는 X(구 트위터)에서 "원페 한국, 감사합니다(ワンフェス韓国ありがとうございました)"라고 하며 감사인사를 전했다. 코리아 이후엔 일본 내 오프라인 마켓(SF 프리마 등) 연속 참가도 예고 했다.
핵심은 '생활 도구 × 미니 메카'. 손바닥 크기의 러블리한 실루엣에 계기판·밸브·리벳 같은 공업적 디테일을 얹고, 일부 작품에는 LED 발광 보드와 USB-C 전원을 탑재해 '살아있는 조도'를 구현했다.
"작은 것의 존엄." ぺこぽこ는 거대한 히어로나 병기가 아니라 우리의 주방과 공구함에서 캐릭터를 길어 올린다. 그래서 그의 메카는 포즈보다 생활감이 먼저 보인다. 발광 기믹이 켜지는 순간, 우리는 오래된 물건에 깃든 이야기와 마주한다. 이것이 '가젯트 고스트'의 힘이다.

시리즈는 케틀, 칸테라, 스토브, 청소기, 잠수 헬멧까지 확장 중이다. 조립 편의와 라이팅 유닛을 표준화하며 라인업의 '세계관'을 키워 가는 전략이 인상적이다. 차기 원더페스티벌에서도 신규 타입의 합류가 기대된다.

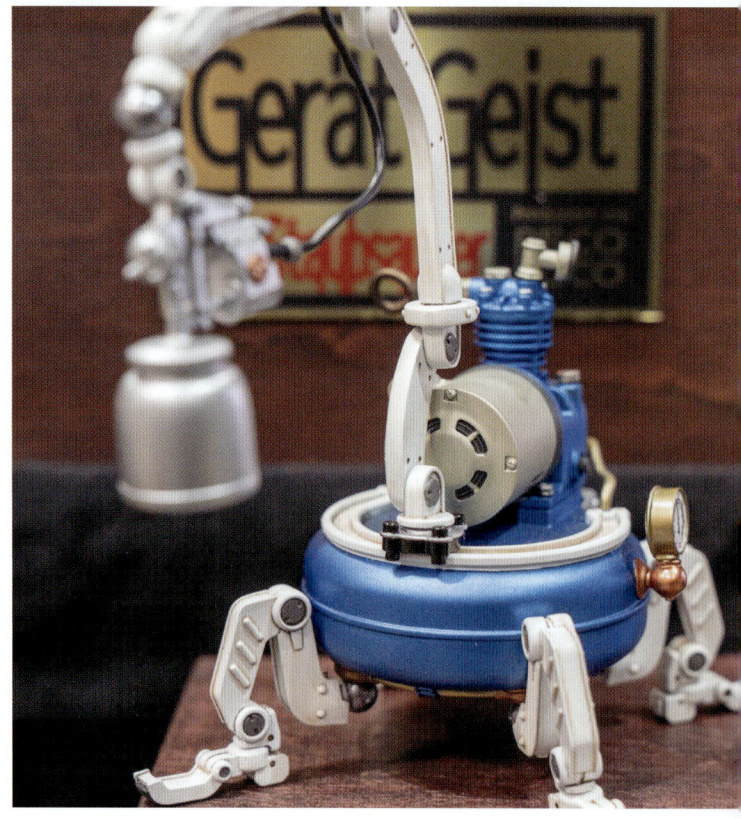

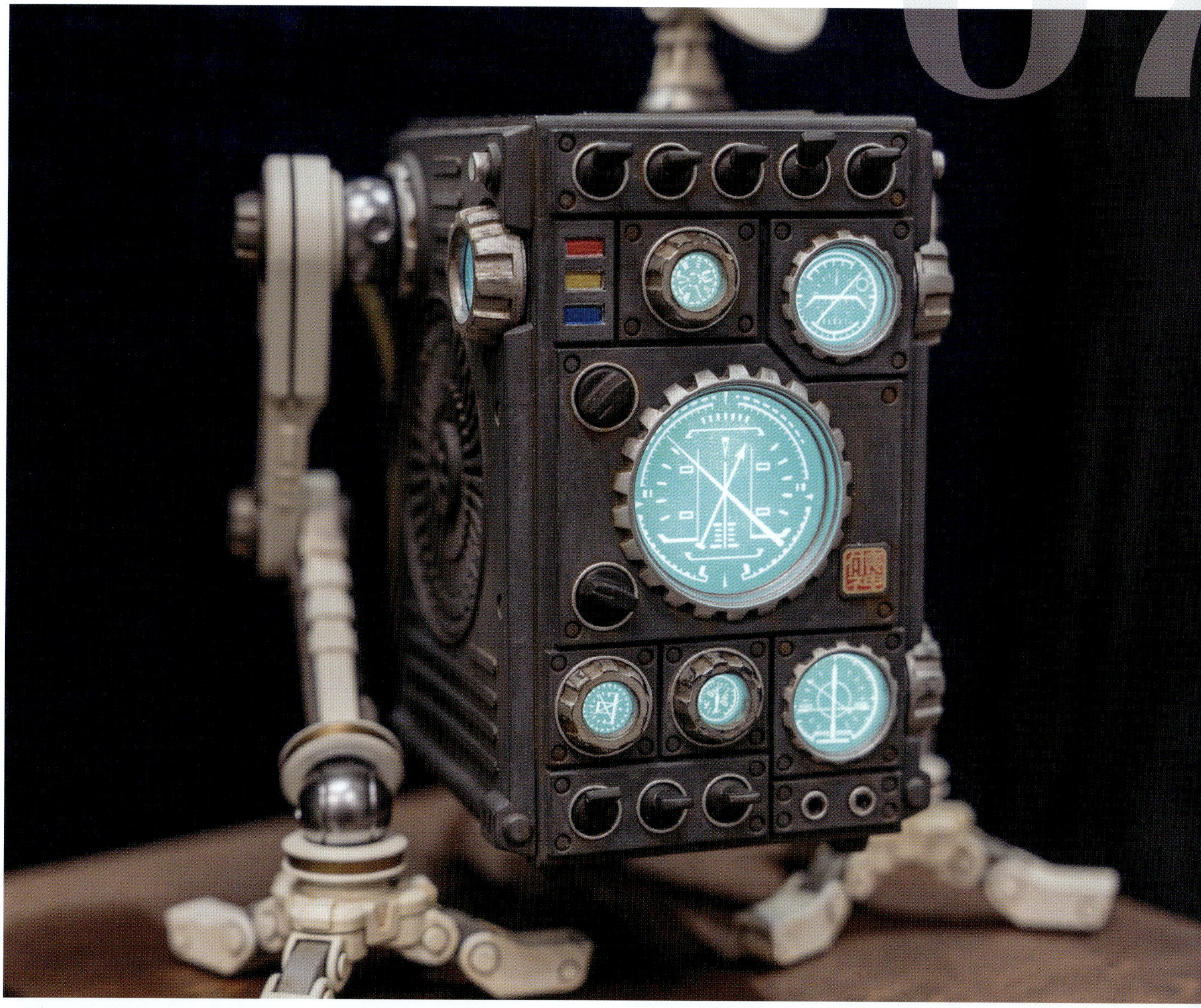

Gerät Geist

Wonder Festival

스튜디오 사이렌

"플랫한 UI를 떠나, 손에 닿는 질감으로 돌아온 니케."

스튜디오사이렌은 첫 한국 원더페스티벌에서 '승리의 여신: 니케' 소다·베히모스 3D 프린팅 피규어를 전면에 내세워, 게임 속 서사를 입체로 소환했다. 공식 채널의 사전 공지대로 현장 공개·판매용 작품을 선보이며 '당일판권(One-Day License)'을 실전 운용한 대표 부스 중 하나였다.

스튜디오사이렌은 디지털 조형을 기반으로 한 3D 프린팅 피규어 제작 스튜디오. 원더페스티벌 코리아 공식 SNS가 직접 부스 출품작으로 "〈니케 소다 3D 프린팅 피규어〉, 〈니케 베히모스 3D 프린팅 피규어〉"를 예고하며 이름을 알렸다.

키워드는 '게임-내러티브의 실물화'. 힐러 포지션의 소다(Soda)와 초대형 적 베히모스(Behemoth)라는 대비되는 스케일과 역할을 짝지어 전시하였다. 방문자는 캐릭터 조형과 보스 실루엣을 오가며 니케 세계의 긴장감을 한 부스 안에서 체험하게 된다. (출품작 명시·IP 표기: "© SHIFT UP CORP.")
게임 비주얼의 라인/패널·기계적 텍스처를 3D 프린팅로 치환, 도색 전 가조립 상태에서도 읽히는 면 분할이 디지털 조형의 정밀도에서 오는 강점이었다.
원더페스티벌 코리아 회차의 상징인 당일판권 제도를 실제 IP와 연결해 보여준 부스로 라이선스 기반 1일 현장 유통 모델의 가능성을 체감하게 했다.

니케가 행사 전반의 핵심 협력 IP로 존재감을 보이는 가운데(메이드 카페·무대 프로그램 등), 스튜디오사이렌은 완제품 전시를 넘어 창작자 관점의 IP 운용을 보여줬다. "게임을 좋아해서 온 관람객이, 현장에서 입체 조형을 소비하는 루트"를 설득력 있게 증명한 셈이다.
스튜디오사이렌의 강점은 '팬덤-조형-라이선스'의 삼각형을 한 부스 안에서 닫아버린 구조. 대형 IP의 스포트라이트를 개인/스튜디오 조형력으로 받아내는 방법을 제대로 보여줬다. 한국 첫 원페의 과제였던 "창작자와 IP의 합법적 접점"을 실제 사례로 남겼다는 점에서 의미가 크다.
원더페스티벌 코리아 1회차를 통해 입증된 ODL 기반 전시-판매-홍보 루프는 다음 회차의 신규 타입·라인업 확장으로 이어질 가능성이 높아지길 기대한다.

Wonder Festival

Pia Evolved

"디지털 조형과 페인팅이 만나는 지점"

PIA EVOLVED 부스는 원더페스티벌 2025 코리아 현장에서 가장 또렷한 정체성을 보여준 공간 중 하나였다. 작가 피아는 스스로를 "디지털 조형과 페인팅을 기반으로 한 피규어 아티스트"라 소개한다. 실제로 그의 작품은 3D 조형으로 구현된 매스를 디지털 페인팅으로 완성해내며, 단순한 입체 오브제를 넘어선 생명력을 획득한다. 행사 공식 안내에서도 "독창적인 세계관과 디테일 표현으로 생명력을 불어넣는 작가"라는 문장이 반복되었다.

부스의 배치는 단순히 완성품을 전시하는 방식에서 벗어나, 관람객이 작품의 맥락을 체감할 수 있도록 꾸려졌다. 피아의 대표적 작업 성향은 투명 재질을 활용해 내부 구조까지 드러내는 표현이다. 이 접근은 '겉모습'만을 보는 것이 아니라, 캐릭터와 구조의 깊이를 함께 경험하게 만든다. 실제로 이전 작업 영상과 SNS 게시물에서도 투명 외피와 내부 디테일이 결합된 조형물이 공개된 바 있다. 이번 원더페스티벌 부스는 이러한 작가의 미학을 다시금 확인할 수 있는 자리였다.

향후 행보 역시 주목할 만하다. 원더페스티벌 소개에서 "새로운 스타일의 한정 작품"이 예고된 만큼, PIA EVOLVED는 앞으로도 실험적인 시도와 한정 전개를 이어갈 가능성이 크다. 온라인 채널을 통해 공개되는 제작 과정은 팬들에게 또 하나의 관람 경험이 되고 있으며, 작품 세계와 창작 방식에 대한 신뢰도를 높여주고 있다. 디지털과 피지컬의 경계를 허무는 창작자로서, 피아의 다음 무대는 원더페스티벌 이후의 전시장에서 더욱 입체적으로 드러날 전망이다.

Wonder Festival

녹용공방

프라페

메카닉펑크

프라페

아델

메카닉펑크

SSO SSOMA

아델

41년의 역사를 지닌 원더페스티벌이 마침내 한국 땅을 밟았다는 사실은 그 자체로 서브컬처 씬의 성장과 확장을 상징한다. 이번 행사는 단순히 일본에서 전해 내려온 형식을 답습하는 데 그치지 않고, 국내 팬덤의 성향과 흐름을 반영해 새로운 색채를 입혔다. 버추얼 스트리머 챌린지와 아이돌 공연, 다양한 굿즈존은 호불호를 낳았지만, 동시에 글로벌 트렌드와 한국 팬덤의 열기를 보여주는 단면이기도 했다.

무엇보다 170개가 넘는 브랜드와 창작자들이 한자리에 모여 자신의 작품을 선보였다는 점은, 한국이 더 이상 소비만 하는 시장이 아니라 창작과 교류의 무대로 진화하고 있음을 보여준다. 코스프레 인파의 동선, 공연과 전시의 조율 같은 운영적 과제는 분명 드러났지만, 첫 시도의 미숙함은 곧 다음 회차의 성장 가능성을 예고하는 지점으로 읽힌다.

'원더페스티벌 코리아'는 완벽하지 않았지만, 그 어느 때보다 뜨겁고 다채로운 첫 페이지를 열었다. 이번 행사가 남긴 경험과 논의들은 곧 한국만의 색깔을 가진 새로운 원더페스티벌로 이어질 것이며, 이는 국내 팬덤과 글로벌 서브컬처 모두에게 값진 축제의 시작점이 될 것이다. 그래서 이틀간의 일산 킨텍스 풍경은 아쉬움보다 더 큰 설렘과 기대를 남겼다.

녹용공방

부다캣

降臨

Then they will see the Son of Man coming in a cloud with power and great glory. (Luke 21:27)

INTERVIEW

홍실장

GBWC 수상작 '강림'

THE ADVENT

Q. 많은 분들이 알고 있겠지만 그래도 소개 한번 해 줘!

A. 안녕, 나는 모형 만드는 동네 아저씨 홍실장이야. 모형이라면 가리지 않고 좋아하지만, 최근엔 건프라나 메카닉 모형의 커스텀 관련 작업을 주로 하고 있어. 꾸준히 하다 보니 취미를 넘어서 이제는 업이 되어버렸어.

Q. 너무나 유명한 작품이고 나도 작년과 올해 또 보면서 감탄한 그 작품! GBWC 수상작 '강림'은 어떤 세계관에서 출발한 작품이야?

A. '강림'은 기독교적인 세계관에서 출발했어. 전체적으로 신앙적인 메시지를 담고 있고, 신약성경 누가복음 21장 27절 말씀을 건프라로 표현한 작품이야. "사람들이 인자가 구름을 타고 능력과 큰 영광으로 오는 것을 보리라"는 구절인데, 그 '구름'을 왕좌로 형상화했고, 구름을 타고 강림하는 예수님의 모습은 퍼스트 건담으로 표현했어.

Q. '믹싱 빌드'와 디오라마가 결합된 작업은 새로운 시도였는데, 시도해보자! 했던 결정적인 계기가 있었을까?
A. 물론 나에게는 새로운 시도였지만 디오라마와 믹싱빌드의 조합 그 자체를 새로운 시도라고 하긴 좀 애매해. 이미 수많은 선배님들의 멋진 작례와 작품들이 세상에 나와있고 나 또한 많은 부분을 참고했거든. 이번 '강림' 작업을 구상하던 초기단계에는 베이스를 전혀 고려하지 않고 무작정 왕좌의 킷배싱부터 시작했어. 그런데 왕좌를 만들다 보니까, 단순히 세워두는 것만으로는 전달하고자 하는 메시지가 잘 드러나지 않을것 같더라고. 그래서 바다와 산, 평원, 호수가 어우러진 예루살렘 지역의 디오라마로 베이스를 구성하게 되었고, 결과적으로는 참 잘한 선택이었던 것 같아.

Q. 작품을 하면서 디테일업을 할때, '여기까지만 하자' 라는 기준은 어떻게 정하고 있어?
A. 그 기준을 정하는 게 참 어렵더라. 사람마다 취향이 다르다 보니까 결국 기준이란 건 엄청 주관적일 수밖에 없잖아. 그래도 난 '과유불급'을 항상 마음에 새기려고 해. 디테일 작업할 땐 디테일이 전체적인 밸런스나 쉐입을 잡아먹지 않을 만큼만, 웨더링할 땐 웨더링이 디테일을 덮어버리지 않을 만큼만. 그 선을 지키는 절제가 중요하다고 생각해. 어찌 보면 내 개인적인 목표이자 미션인데, 화려하면서도 단정하고, 자유로우면서도 조화로운 작품을 만들려고 계속 노력하고 있어.

MSN-0411
NIGHTINGALE
The red comet · the soul of axon

Q. 작업을 할때 가장 좋아하는 시간대나 작업 루틴이 있어? 이유도 궁금해!

A. 혼자 있는 걸 좋아하는 성향 때문일까, 난 조용한 밤이 좋아. 식구들이 모두 잠들고 난 후 오롯이 혼자서 작업에 몰두할 수 있는 밤이 작업하기에는 제일 좋은 시간대 같아. 낮에는 여기저기서 연락도 오고, 이런저런 관계들을 신경 쓰다 보면 집중하기가 쉽지 않거든. 집중력이 좋은 편도 아니고ㅎㅎ 그리고 이건 아내한테 매일 듣는 잔소리지만... 내 작업실은 늘 지저분하고 어질러져 있어. 그래도 잠깐이나마 깨끗해질 때(물론 내 기준)가 있긴 한데, 한 가지 작업을 모두 마치고 새 작업을 시작할 때야. 그땐 좀 치우고 새로운 마음으로 다시 어지르기 시작하거든ㅋ 이것도 나름 루틴이라면 루틴이겠지?

Q. 쌩뚱 맞은 질문이 갑자기 하고 싶어! 작업을 하면 식사는 잘 챙겨 먹어?? 자주 시켜 먹는 음식이나 간식이 있다면?

A. 나 진짜 잘 먹어^^ 그리고 많이 먹어ㅎㅎ 낮에는 작업실(집)에 혼자 있는 날이 많은데 가급적이면 혼자서도 잘 챙겨먹으려고 해. 간식이나 배달 음식은 거의 안먹고 웬만하면 직접 해먹는 편이야. 요리하는것도 좋아하거든. 한식보단 양식을 더 좋아해서 파스타를 자주 해먹어. 특히 오일 파스타 종류를 좋아하는데, 그 중에서도 내 시그니처는 마늘과 새우를 듬뿍 넣은 '쉬림프 알리오올리오 파스타' 야. 이건 진짜 자신 있어ㅎㅎ 우리딸도 좋아해서 일주일에 한 번은 꼭 해먹는 것 같아.

Q. 그럼 작업실에 절대 손대면 안되는 '3대 접근 금지 아이템'이 있을까?

A. '접근 금지 아이템'이라고 할 만한 물건이 딱히 세 개까지는 없는 것 같아. 그래도 굳이 꼽자면... 첫 번째는 '공구류' 아닐까? 워낙 위험하니까. 아트나이프, 패널라이너, 철필 등 날카로운 것들이 많다보니 가족들한테도 작업대에는 절대 손대지 말라고 하거든. 앞서 잠깐 언급했듯이 작업 중에는 언제나 엄청 어질러져 있다 보니 작업대엔 늘 위험이 도사리고 있다보니. 두 번째는 '작업할 때의 나'야ㅋ 요즘 들어 딸아이가 등 뒤로 살금살금 다가와서 장난을 치는데, 인기척 감추는 실력이 점점 늘어서 아주 곤란해ㅋㅋㅋㅋ 작업 중에 깜짝 놀라면 다칠 수 있으니까 하지 말라고 했는데 말을 들어먹지 않으니 이거 참...;;;;; 근데 나도 점점 적응하는 것 같기도 하고

Q. 인스타를 통해서 많은 작품을 보고 있는데, 최근 들어 가장 맘에 들었던 작품 소개 해줘!
A. 최근 작업한 것들 중에서는 제타와 더블제타가 가장 만족스러웠어. 의뢰인께서도 흡족해하시고, 커뮤니티에서의 반응도 좋았거든. MG 더블제타는 언젠가 꼭 한번 만들어보고 싶었던 킷이었지만, MG 제타는 내가 직접 만들일이 없을 줄 알았어. 개취겠지만 MG 제타 바카는 아무리 봐도 얼굴이 너무 못생겼더라구. 그런데 의뢰를 받아서 만들게 되었고, 마음에 들지 않던 부분들을 조금씩 손보면서 만들다 보니 점점 좋아지더라. 마음을 담아 만들다 보니 취향도 달라지는 게 신기했어. 이런게 커스텀의 매력이겠지^^

Q. 이 작품은 몇 시간 동안 작업을 한거야?? 평소 작품을 만들때 소요되는 시간이 케바케겠지만 그래도 평균적으로 어느정도 소요가 될까? (가장 오래 걸렸던 작품에 대해서도 이야기 해주시면 좋을것 같습니다!)
A. 정확하진 않지만 제타는 한 달 정도, 더블제타는 한 달 반쯤 걸린 것 같아. 근데 작업 시간이라는 게 변수가 워낙 많아서 평균을 가늠하기 어렵더라고. 어떤 날은 하루 종일 붙잡고 하고, 어떤 날은 조금만 하거나 아예 못할 때도 있거든. 난 집에서 작업하다 보니까 가능하면 한 번 앉았을 때 집중해서 바짝 하는 편인데, 아내랑 딸이랑 같이 있을 땐 아무래도 작업이 쉽지 않아ㅎㅎ그리고 작업 방식에 따라서도 걸리는 시간이 진짜 천차만별이야. 그냥 간단하게 스트레이트로 풀도색을 진행하는 경우 일주일 만에 끝날 때도 있고, 초두에 언급했던 '강림' 같은 경우는 완성까지 4~5개월쯤 걸렸어. 지금까지 만든 것 중에 제일 오래 걸린 작업이지.

ZETA
DOUBLE ZETA

Q. 자신만의 스타일을 만들고 싶어하는 후배 모델러에게 어떤 조언을 해주고 싶어?대회 출전을 망설이는 후배들에게도 조언을 부탁해!

A. 뻔한 얘기처럼 들릴 수도 있겠지만, 난 "목표는 높게"라고 말하고 싶어. 세상엔 진짜 괴물 같은 선배님들의 대단한 작품들이 많잖아? 물론 처음부터 그런 엄청난 걸 만들 순 없겠지. 그치만 좋아하는 스타일의 작례들을 많이 찾아보고 따라서 만들다 보면 경험치가 쌓이는 동시에 능력치와 실력이 향상되는 건 당연한 거잖아? 목표였던 수준의 결과물이 당장은 나오지 않더라도 꾸준히 그런 경험을 쌓아가는게 중요하다고 생각해. 스스로 한계를 정하고 기준을 낮춰서 적당히 타협하다 보면 결국 적당한 작품밖에 안 나오더라구. 목표를 크게 잡고 기준도 높게 설정해서 만들다 보면, 언젠가는 나만의 색깔이 제대로 담긴 작품을 만들 수 있지 않을까?

Q. 팬들이 아직 모르지만, 곧 공개될 깜짝 프로젝트나 향후 계획이 있다면?

A. 그런 건 없는데 어쩌지^^;; 실은 요즘은 의뢰작업에 집중하느라 내 개인작업을 거의 못하고 있어ㅜㅠ 그래도 올해 GPC에는 출품할 예정이야. 열심히 만들어두고 있거든ㅎㅎ 건담 베이스에 전시하게 되면 많이 보러 와줘^^

Q. '홍실장'이라는 이름으로 앞으로 이루고 싶은 목표가 있다면? 그리고 함께 응원해줄 독자분들과 팬들에게 한마디 해줘!

A. 내 목표는 언제나 우승이야. 언젠가 GBWC 월드 챔피언이 되고싶어. 작년엔 고배를 들었지만, 죽기 전에 언젠간 꼭 월드 챔피언 트로피를 들고 싶어.그리고 공방을 만들고 싶어. 여럿이 모여서 함께 즐겁게 만들 수 있는 우리만의 공간을 갖는게 내 꿈이야^^ 내가 언제까지 모형생활을 할 수 있을지 모르겠지만, 겸손한 자세로 끝없이 배우면서 발전해 나가는 모델러가 되면 좋겠어. 언제나 관심과 응원을 보내주는 모든 분들께 진심으로 감사의 마음을 전하고 싶어. 이렇게 애니띵의 지면을 통해 우리 서브컬쳐 동지 여러분들께 인사를 전할 수 있어서 너무 감사한 마음이야. 각자의 자리에서 각자의 방법으로 행복한 덕질을 이어가길 응원하며 기대하며 기도할게. 고마워
GBWC 월드 챔피언이 되길 진심으로 기도하고 응원할게!!

NEO ZEON MSN-04
MOBILE SUIT
SAZABI
"ver.HONG"
CHAR AZNABLE'S MOBILE SUIT FOR NEW TYPE
CONSTRUCTOR : ANAHEIM ELECTRONICS

팻두의 인터뷰텔링

THODLAND CREATURES
THOD

폰셰누스는 어떻게 탄생하게 된 거야? 엄청 무서우면서 귀여운 에일리언 느낌 ㅎㅎ

사실 폰셰누스는 내가 만든 이야기 속의 캐릭터야. 내가 하고 있던 밴드인 세인트 히든(St. Heathen : 성자 이교도인. 성스러운 이단아 라는 의미)의 곡 테마를 위해 한편의 이야기를 만들었고, 인류와 사회에 대항하는 악령이 괴물로 변한 설정으로 처음에는 그냥 '폰셰'(Pawnsche)라는 괴물을 디자인했어. 이름에 큰 뜻은 없고 그저 발음이 예뻐서 만든 고유명사인데, 그 폰셰라는 괴물은 처음에 개나 여우같은 동물의 형태였다가 사람형태로 바꾸면서 '누스'(nus)를 붙여 폰셰누스(Pawnschenus)가 되었지. 표본병 안에 들어있는 느낌으로 만든 디자인이라 폰셰누스는 자세를 웅크리고 있는 모습이야. 마치 학교의 과학실에서나 볼수 있는 동물 표본 처럼. 물론 에이리언의 영향을 가장 많이 받은 디자인이기도 하고. 폰셰누스는 2012년도에 처음으로 원형작업부터 복제까지 이루어낸 내 창작 캐릭터 피규어라 애착이 가장 커. 그리고 10년만에(2022년도) 내가 내 작품을 리메이크 해서 폰셰누스 2를 만들었어. 게라지 킷 형식으로 복제하여 소량 생산을 하였고 지금도 판매중이야. 안그래도 어제까지였던 2025 원더 페스티벌 코리아 이벤트에 참가했는데, 폰셰누스의 반응이 매우 좋았어.

소드 작가! 반가워! 자기 소개랑 지금 하고 있는 일 알려줘!!!

만나서 반가워. 나는 THOD(쏘드, 혹은 소드)라는 작가명으로 활동하고 있는 크리쳐 피규어 조형작가야. 쏘들랜드 크리쳐스(Thodland Creatures) 라는 브랜드 이름을 쓰고 있어. 메탈밴드에서 베이스기타와 보컬로 활동했던 뮤지션이기도 하고. 피규어 제작 업체인 켈베로스 프로젝트에서도 근무하고 있어. 정확히 말하자면 나는 아트토이 작가는 아니고, 아트토이도 만드는 미니어쳐 피규어 조형작가라고 생각해주면 좋을것 같아. 이게 내 정체성이기 때문에 '토이 작가'라고 불리우는건 원하지 않아. 하지만 아이러니하게도 피규어 작가로서 해외에 다양한 페어를 참가하다보니 자연스럽게 아트토이 작가들과 교류를 더 많이 하고 있어. 어떻게 기억해주든 큰 상관은 없지만, 피규어 조형 작가로 기억해주면 좋을것 같아.

요즘에는 아트토이뿐 아니라 히스토리컬 피규어나 판타지, 워해머같은 미니어쳐 피규어, 크리쳐, 미소녀 등등 다양한 분야에서 3D모델링으로 작업하시는 분들이 많아지고 있는 추세인데 나는 시대의 흐름에 따르지 않고 손으로만 조형작업을 하고 있어. 다들 3D로 작업 많이 하시는데 왜 손으로만 하느냐는 질문도 많이 받고 있지만 난 그저 손으로 조형하는게 여전히 재밌고 좋아서 하는거야. 물론 3D모델링도 그만한 장점이 있는 작업이지만, 나는 시도해보다가 도저히 내 길이 아닌것같아 손을 뗐어. 그리고 음악은 헤비메탈의 하위 장르인 블랙메탈 이라는 아주 강력한 사운드의 장르 음악을 추구했었고. 안타깝게도 건초염과 건강상의 이유로 수년 전 밴드 활동은 쉬게 되었고 지금은 피규어 작가로서 활동 비중이 크다 보니 음악은 간단한 작곡만 하며 지내고 있어.

밴드 사진 엄청 멋있다!!!! 일본 밴드같애 ㅎㅎ 판매하고 있는 작품들도 소개해 줄 수 있어?

폰셰누스라는 창작 크리쳐 피규어와 스토리 텔러 트롤, 굴라비스, 습지요정, 그리고 동화책 속에 나오는 악당 같은 쥐 캐릭터인 모랫트 등 다양한 괴물들을 만들고 있어. 도넛 괴물 캐릭터인 2666도넛, 그리고 가장 최근에는 봉제인형 느낌의 귀여운 실밥이캣을 만들었고. 내가 만들고 있는 크리쳐 피규어들은 모두 내 창작 디자인이고, 약간씩 영향을 받는건 대부분 호러무비나 판타지, 공상과학 장르의 영화들을 통해 영감을 얻어 디자인을 하곤 해. 물론 게임이나 음악, 만화에서도 영향을 많이 받고.

Thodland Creatures
SINCE 2005

THE BLACK DEATH RAT MORATT

Thodland Creatures
SINCE 2005

흑사병 쥐도 스토리가 너무 궁금해! 가면은 대체 뭐야! 쥐들은 왜 그렇게 음침하게 모여 있어?

흑사병 쥐 모랫트는 매우 작은 앙증맞은 사이즈의 쥐 캐릭터 피규어야. 머리가 자석으로 고정되어 있어서 고개를 회전시키거나 떼어내고 다른 색상의 얼굴로 교체도 가능해. 가면파츠를 악세사리로 만들어 주었는데, 고객님들의 취향에 맞게 직접 씌우거나 벗길수 있어. 흑사병 쥐 모랫트 캐릭터들도 사실 음악으로 시작된 캐릭터인데, 코로나를 겪었던 시기에 작사, 작곡을 해둔 '흑사병'이라는 곡이 있어. 암울한 이야기를 노래 가사로 읊어주는 다크포크 느낌의 곡인데, 아직 빛을 보지 못한 곡이지만 나중에 꼭 완성해서 이 이야기를 음악CD와 작은 동화 소책자로 만들어볼 생각이야. 이야기 내용은, 흑사병이 창궐했던 시기의 어느 가상의 마을에서 부모님을 잃은 형제가 마을을 탈출하며 형이 동생을 데리고 어느 주술사에게 찾아가며 시작해. 그 이야기 속에서 흑사병을 전 지역에 전염시키고 다니는 나쁜 쥐 캐릭터가 등장 하는데, 그 쥐가 흑사병 쥐 모랫트 이고. 자세한 내용은 꼭 동화책으로 만들면 구매해줘! 이야기를 만들다보니 내가 가장 빠르게 먼저 할수 있는 작품은 음악보다, 그림보다, 피규어를 만드는게 자신이 있어서 어쩌다 피규어가 먼저 탄생해버렸네? 좀 암울한 내용이 되겠지만 잔혹동화를 좋아하는 친구들이라면 조금은 기대 해도 좋을것 같아. 흑사병에 관련 된 작품을 꼭 음악과 동화책으로, 그리고 피규어로 선보이고 싶었어. 완성되면 많은 관심 부탁할게!

언제부터 크리쳐 스타일을 좋아하게 됐어? 아트토이 말고 그런 영화나 애니도 좋아해? 좋아한다면 대표작 알려줘!

어릴적 가장 큰 영향을 받은 크리쳐 영화들은 존 카펜터 감독의 The Thing(1982), 그리고 리들리 스콧 감독의 ALIEN(1979), 짐 헨슨 감독의 Dark Crystal(1982), 클라이브 바커 감독의 Hellraiser(1987) 그밖에 기예르모 델 토로 감독의 영화들도 매우 좋아해. 그냥 보는 정도가 아니라 심도 깊게 파헤치고 영화의 제작 과정, 배우들과 스탭들의 영화 제작시 비하인드 스토리도 모두 찾아볼 정도야. 크리쳐 스타일 조형에 큰 영향을 준건 다크 크리스탈 인데, 조금 지루한 판타지 영화일수도 있지만 강력하게 추천하는 영화야. 아마 크리쳐를 좋아하는 분들 뿐 아니라, 아트토이, 히스토리컬 피규어, 구체관절인형을 좋아하는 사람들이라면 꼭 봤으면 해! 영화에는 사람이 등장하지 않고, 모두 애니메트로닉스나 사람이 특수분장한 인형과 괴물들이 등장해. 지금 봐도 영화 제작 기술력이 훌륭하고. 그 영화 제작에 참여한 일러스트레이터인 브라이언 프라우드와 인형작가인 웬디 프라우드 부부의 팬이기도 해. 영국의 아티스트 부부인데 현재는 그 두분의 아들인 토비 프라우드도 인형 작가이자 영화 감독으로 활동하고 있어. 그밖에 작업에 가장 많이 접하는건 음악이기도 한데, 아주 오랫동안 스웨디쉬 블랙메탈 밴드인 바쏘리(BATHORY)의 팬으로서 하루에 한곡 이상은 꼭 바쏘리 음악을 들어. 블랙메탈을 잘 모르는 분들이라도 Bathory - Blood Fire Death 같은 곡은 꼭 한번쯤 찾아서 들어봐줬으면 좋겠어. 멋진 서사가 펼쳐지는 가장 좋아하는 곡이야.

TTF에서 처음 만나서 우리가 알게 됐잖아! 진짜 독특하고 멋있다고 생각했음! TTF는 언제부터 참여 했었어? TTF에서의 아트토이 반응은 어때?

우리가 만났던게 2023년도 였나? 사실 TTF는 내가 아니라, 나와 쌍둥이 형제인 Abel작가의 주도하에 참가하게 되었는데, 우리 형제는 비셔스 트윈 브로스(Vicious Twin Bros) 라는 팀으로 활동하고 있어. 우리 팀의 리더인 동생 Abel작가는 아트토이 작가로 활동한지 10년차이며 TTF에는 다른 한국 작가 분들과 연합으로 팀 활동을 오래 해왔었어. 나중에 참가 권한을 받고 동생을 통해 TTF행사에 참가 권유를 받게 되면서 참가하게 된거야. 나는 TTF 행사 첫 참가는 2022년에 시작했고, 그 전에는 팝마트에서 주최하는 베이징 토이쇼(2019년)에 참가를 했었고. 그동안 내가 해왔던 크리쳐 피규어 작가로서가 아닌, 아트토이 작가로는 첫 데뷔였어. 그때 선보였던 작품이 도넛 괴물 피규어 시리즈인 2666 도넛 이야. 행사 둘째날 오전중에 작품들을 모두 완판했던 좋은 기억 덕분에 나도 이젠 아트토이쪽으로도 무언가를 해볼만하겠구나 하는 결심이 생겼던것 같아. 그 이후로 TTF와 TTE, 그리고 어드벤처 페스타 등 여러 해외 행사를 다니게 되었어. TTF행사는 2022년도에 처음 참가한건데, 그때가 대만을 처음 가본거였고, 처음부터 반응이 엄청 좋았다고 할수는 없지만 워낙에 내 개성이 강해서 그런지, 소수의 매니아들이 생기고 팬들이 꾸준히 늘어나고 있는것 같아. 얼마 전 개최 되었던 2025 원더 페스티벌 코리아 행사에서도 2666 도넛이 인기가 많았고. 지금까지도 신작을 계속 발표 중이야. 올해 TTF에서도 이벤트 한정으로 새로운 작품을 선보일 계획이고.

동생 아델의 작품

아트토이 악구리랑 콜라보 했잖아!! 그 작품을 만들면서 가장 신경 썼던 부분! 그리고 어떤 디테일에 신경을 썼는지 알려줘!

사실 나는 팻두작가의 악구리를 처음 보고 느낀건, 너무 멋진 스토리 텔링과 음악, 그리고 자유분방한 드로잉과 과감한 색 표현으로 너무 재밌는 컨텐츠라고 생각했어. 그리고, 악구리라는 캐릭터는 엄밀히 따지고 보면 이것도 크리쳐 캐릭터잖아? 크리쳐 피규어만 만드는 내가 크리쳐 캐릭터를 더욱 멋지게 커스텀해보고 싶은 욕심도 생기고. 그래서 처음에 먼저 콜라보 제안을 했던건데, 흔쾌히 승낙해줘서 너무 감사하게 생각하고 있어. 내가 상상한 악구리의 외형은 악어와 개구리의 느낌에서 좀 더 기괴한 파충류의 피부 질감, 그리고 그로테스크한 혀와 반투명한 질감의 이빨 등 내가 좋아하는 크리쳐 피규어 작업의 기술들을 다양하게 접목해보고 싶었어. 하지만 아무리 크리쳐의 질감을 좋아한다고 해도, 악구리의 전체적인 쉐입을 다 바꿀수는 없으니 최대한 원형 유지를 하면서 질감 표현을 집중했던것 같아. 사실 욕심이 너무 큰데 절제하는게 조금 힘들었던것 같아. 훌륭한 캐릭터 덕분에 작업에 대한 아이디어 욕심이 끝없이 생각날 정도니까!

앞으로 만들고 싶은 크리쳐 작품들! 그리고 계획하고 있는 작품들 알려줘!

그동안 혼자서 그저 내가 영향받아온 영화나 게임 캐릭터들의 크리쳐들만 창작해왔지만, 앞으로는 다른 작가님들과 협업하며 재해석을 해보고 싶어. 어쩌면 이번에 팻두작가와 콜라보를 하게 된 것을 계기로, 더 많은 작업을 하게 되지 않을까? 대부분의 크리쳐 디자이너 작가님들 처럼 나도 동물이나 곤충 등 다양한 생물, 혹은 물건 등을 참고 할때가 많아. 다음 작품은 해양 생물과 곤충을 결합한 형태의 기하학적인 크리쳐를 만들어 볼 생각이야. 그리고 희망사항이 있다면 2차 저작권물로 정식으로 판권을 취득해서 작업해보고 싶은 피규어도 있고. 현재 내가 속해있는 팀으로, 비셔스 트윈 브로스와 타이탄 보이즈, 그리고 저작권 에이전시로 다양한 사업을 하고있는 천창욱 대표님과 카이져 토이즈(Kaiser Toys) 팀으로 활동을 하게 되었어. 카이져 토이즈를 통해서 새로운 시도를 할지도 모르지. 앞으로의 행보를 기대해줘. 많은 관심 부탁할게.

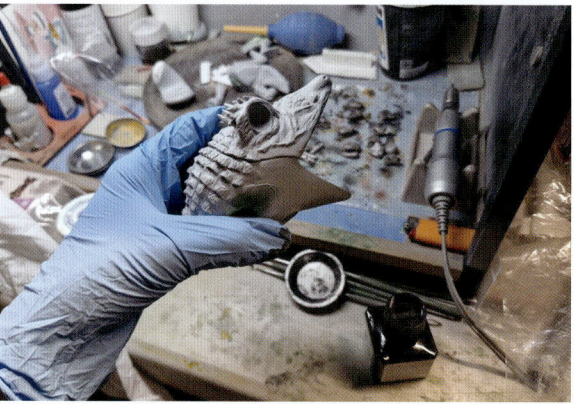

Thodland
ures

아트토이가 가격대도 있고 일반 컬렉터들한테 접근하기가 쉽지 않잖아. 혹시 컬렉터를 시작하는 분들이 아트토이를 어떤 시선으로 바라보고 어떻게 접근했으면 좋겠어?

나 뿐만 아니라 다른 작가님들도 비슷한 생각일거라고 봐. 이런 작품들은 한끗 차이로 완구로 보일수도 있지만, 사실 작가의 수공예품은 예술 작품으로 존중 받아야 한다고 생각해. 그냥 잘 모르는 사람들이 보면 장난감 같은걸 만드는 한심한 어른으로 보일수도 있겠지. 요즘은 피규어에도 다양한 하위 장르들이 생기고 있고, 그중에서도 특히 아트토이는 정말 말 그대로 아트로서 작품의 가치를 인정받아서 그 작업을 하는 작가님들이 갤러리에서 전시도 하고, 미술 작품으로서 수집하시는 콜렉터 분들도 많으니까. 조금 더 작품으로서의 가치를 알아주었으면 좋겠어. 그리고 나처럼 징글징글한 괴물을 만드는 작가들도, 그 괴물의 디자인에는 스토리 텔링이 있고, 설정도 있고 조형작업의 다양한 노하우가 들어간 세심한 작품들이 많아. 작가분들의 스토리 텔링에 관심을 갖고 작품을 제대로 이해해주셨으면 좋겠어. 크리쳐나 괴수, 외계인, 괴물 등 실제로 없는 생물을 상상으로 만들어 낸다는 큰 매력을 느낄수 있을거야. 오랜 시간동안 팬들이 생기고, 꾸준히 사랑 받아온 고질라나 에이리언처럼!

애니띵 독자들한테 하고 싶은 말!!

애니띵 독자분들 반갑습니다. 오랜 시간 피규어를 만들어 왔지만 이렇게 단독 인터뷰를 해보는건 처음인것 같네요. 크리쳐 뿐 아니라 피규어라면 다양하게 좋아하는데, 언제 어디선가 저를 알아보시고 인사 해주시면 감사할것 같아요. SNS는 인스타그램을 주로 사용하는데 다양한 분야의 작가님들과 교류하고 있어요. 피규어 이 외에도 영화, 음악, 디저트, 패션 등 다양한 서브컬쳐 문화에 대해 이야기 나누는걸 좋아합니다. 편하게 먼저 다가와 주세요! 애니띵 관계자 분들께도 많은 응원 부탁 드릴게요. 다음에 새로운 작품으로 또 만날수 있길 바라며, 감사 드립니다.

역시 엄청난 분량의 인터뷰!!! 좋아!! 열정 넘치는 소드. 앞으로도 악구리 크리쳐 잘 부탁해 ㅋㅋ 화이팅!!! - 팻두 -

© khara, inc

TOKYO FIGURE
아스카

새로운 차원의 아스카 — HOBBY MAX JAPAN 아스카 Ver.RADIO EVA Part.3」

에반게리온이라는 이름은 더 이상 단순한 애니메이션의 범주에 머물러 있지 않다. 그 세계관과 캐릭터는 일상 속 다양한 영역으로 확장되며, 팬들에게 새로운 감각을 제시해왔다. 그 선두에 서 있는 프로젝트가 바로 「RADIO EVA」다.
2008년부터 "일상에 스며드는 에반게리온"을 테마로 의류·가방·인테리어·자전거 등 라이프스타일 아이템을 전개해온 이 프로젝트는, 지금도 꾸준히 새로운 표현 방식을 모색하며 팬들의 생활을 물들여왔다.

새로운 차원의 아스카

일러스트를 3차원으로

이번 작품은 일러스트레이터 米山舞(요네야마 마이)가 새롭게 그려낸 스타일리시한 아스카를 기반으로 입체화한 세 번째 시리즈다.

세련된 패션 감각과 도시적인 분위기의 아스카는 기존의 전투복이나 플러그 슈트 이미지와는 전혀 다른 매력을 발산한다. 마치 도심 속을 자연스럽게 거닐 듯한 그녀의 모습은, '캐릭터'이자 동시에 '패션 아이콘'으로서의 존재감을 완벽하게 구현하고 있다.

특히, 일러스트 원안을 이미지화한 오리지널 컬러 Ver.은 에반게리온 스토어 한정으로 발매되어 수집가들 사이에서 치열한 관심을 받고 있다.

하비 팬들을 위한 완성도 높은 디테일

본 제품은 1/7 스케일로 제작되었으며, 전체 높이는 약 12.7cm. 크기는 아담하지만 그 안에 담긴 디테일은 결코 작지 않다.

섬세한 채색이 더해져, 의상의 질감 표현부터 아스카의 표정까지 사실감 넘치게 재현했다.

PVC & ABS 도색 완료품으로 제공되어, 팬들은 별도의 작업 없이 바로 고품질의 조형미를 감상할 수 있다.

발매 시기	2025년 10월 예정
시리즈	애니메이션 원작·시리즈 에반게리온 신극장판
원형 제작	Shader
제작 협력	kiking, 사토 야스히로
채색	사와다 공방
발매원	주식회사 하비맥스 재팬
유통원	주식회사 도쿄 피규어
스케일	1/7 스케일
사이즈	전체 높이 약 12.7cm
소재	PVC & ABS제 도색 완료 완성품 피규어

TOKYO FIGURE

파이브 스타 스토리즈

F.S.

파이브 스타 스토리즈

성단 최강의 GTM, 드디어 프라모델화 — 『S.S.I 쿠발칸 파열의 인형 리터제트 마크3 다르마스』

『파이브 스타 스토리(F.S.S.)』 세계에서 언제나 논란의 중심에 서온 기체가 있다.
바로 쿠발칸 법국을 상징하는 거대 GTM(고딕 메이드) — "리터제트 마크3 다르마스" 다

압도적인 존재감을 지닌 기체

가변 트윈 스윙 프레임을 탑재한 다르마스는 다른 GTM을 능가하는 스케일과 출력으로, 성단 삼대 GTM조차 가볍게 뛰어넘는 성능을 보인다.
기수와 양팔의 플라이어 파츠, 수직 꼬리날개에 이르기까지 변형 가능한 장갑을 지녔으며, 등장할 때마다 다른 실루엣으로 변모해 독특한 존재감을 발산한다.
하지만 그 이면에는 발열 문제와 과출력 등 수많은 결점이 존재한다. 다루기 어려운 복잡함까지 갖춘, 문자 그대로 '파열의 인형'이라 불릴 만한 기체다.

제품 스펙

제품명	파열의 인형 리터제트 마크3 다르마스
원작	『파이브 스타 스토리(F.S.S.)』
제조사	주식회사 아워트레저
스케일	1/144
형태	완전 고정 디스플레이 모델
원형	Syujyu
설계	T-REX
특징	디스토션 블레이드 블로우(투명 파츠), 전용 마킹 데칼 포함
조립방식	접착제 사용 (별도 구매)

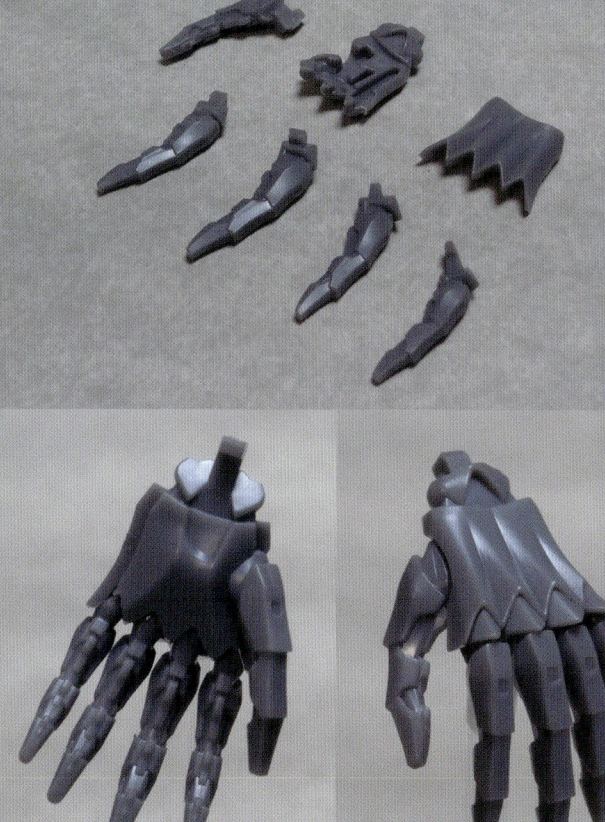

**1/144 스케일
인젝션 프라모델
키트로 구현**

이 다르마스가 드디어 1/144 스케일 완전 고정 디스플레이 모델로 인젝션 키트화되었다.
조형은 과거 원형사 Syujyu님이 제작한 1/100 레진 킷을 기반으로, 세계적 수준의 설계팀 T-REX가 인젝션 키트 전용으로 새롭게 설계를 담당했다.
금형과 소재가 가진 한계를 뛰어넘어 유려한 곡선미를 충실히 재현해낸 것이 특징이다.
주 무장인 디스토션 블레이드 블로우가 부속되며, 칼날 부분은 투명 파츠로 구현되어 원작의 연출을 그대로 재현할 수 있다. 또한 전용 마킹 데칼도 함께 제공돼, 완성 후 디테일 작업의 즐거움을 더한다.

고정 모델만의 아름다움

본 제품은 가동 기능을 완전히 배제한 고정형 디스플레이 모델이다. 접착제를 사용해 조립하는 전통적인 프라모델 방식으로, 순수한 조형미와 균형 잡힌 프로포션을 감상할 수 있다.
"성단 최강"이라 불린 GTM, 그 아름다움과 광기를 책상 위에서 만끽할 수 있는 절호의 기회가 될 것이다.

Good Smile

사이클 저지를 입은 '피그마 644-DX 스나오오카미 시로코 (라이딩) DX에디션'로 등장합니다! 세계적인 인기를 누리고 있는 학원 밀리터리 RPG 『블루 아카이브 -Blue Archive-』에서 아비도스 고등학교 2학년이자 대책위원회의 돌격 선봉장, "스나오오카미 시로코"가 새로운 모습으로 피규어화 되었습니다. 이번에는 사이클 저지 차림에 본격적인 로드바이크를 더한 세트 구성이 특징으로, 팬 여러분께 신선한 즐거움을 선사합니다.
다채로운 표정과 옵션 파츠

figma 특유의 가동성과 디테일은 물론, 다양한 감정을 표현할 수 있는 교체용 얼굴 파츠도 준비되어 있습니다. 기본적인 '일상 표정', 활기찬 '웃는 얼굴', 그리고 귀여운 매력을 더하는 '올려다보는 얼굴'까지 총 3종의 표정이 포함되어 있습니다. 옵션 파츠 또한 풍성하게 제공됩니다. 어썰트 라이플, 가방, 물병, 로드바이크가 함께 구성되어 있어 원작 속 시로코의 활약상을 그대로 재현하실 수 있습니다. 특히 정교하게 설계된 로드바이크는 액션 피규어를 넘어 하나의 디오라마 아이템처럼 높은 완성도를 자랑합니다.

SHIROKO

굿스마일 온라인샵 특전
꿀꺽꿀꺽 마시는 얼굴

작품명	블루 아카이브 -Blue Archive-
사양	도색 완료 플라스틱 가동 피규어 논스케일 / 전용 스탠드 포함 전고 약 145mm
원형 제작	맥스팩토리 (코우즈키, 사토 나오키)
제작 협력	아사이 마키
디자인·일러스트	Mx2J
제조사	맥스팩토리
판매원	굿스마일 컴퍼니

© 2025 NEXON Games Co., Ltd. All Rights Reserved.

Good Smile

『승리의 여신: NIKKE』 아니스 1/7 스케일 피규어 발매 안내

인기 모바일 게임 『승리의 여신: NIKKE』의 캐릭터, 아니스(Anis)를 여름 분위기 가득한 모습으로 1/7 스케일 피규어화하여 선보입니다.
바쁜 임무 속에서도 잠시 여유를 즐기는 아니스는, 이번에 자신이 가장 좋아하는 수영복을 착용하고 지휘관님께 캔을 건네는 모습을 재현했습니다. 캐릭터를 상징하는 밝은 미소와 매혹적인 바디라인, 그리고 섬세한 손끝의 표현까지 정교하게 조형되어, 아니스의 매력을 최대한 끌어냈습니다.

또한 피규어 본체는 일부 탈착 가능한 사양으로 제작되어, 다양한 연출과 전시가 가능합니다. 여름 버전 아니스를 지휘관님의 컬렉션에 꼭 맞이해 보시기 바랍니다.

ANIS

굿스마일 온라인샵 특전
홀로그램 캔뱃지

작품명	승리의 여신: NIKKE
사양	플라스틱제 도색 완료 완성품 1/7 스케일 / 전용 대좌 포함 전고 약 196mm
원형 제작	Seka
채색	Nyugyu(乳牛)
제조사	굿스마일 아츠 상하이
판매원	굿스마일 컴퍼니

© SHIFT UP CORP.

Good Smile

여름의 빛을 담은 1/6 스케일 피규어 『라이자의 아틀리에 3』 라이자 선탠수영복 Ver.

JRPG 팬들에게 꾸준히 사랑받고 있는 『라이자의 아틀리에 3 ~ 종극의 연금술사와 비밀의 열쇠~』 속 주인공 라이자가 이번에는 한층 더 여름다운 모습으로 입체화되었습니다. 건강하게 그을린 피부와 활발한 미소가 돋보이는 1/6 스케일 피규어로, 그녀의 매력을 그대로 재현해냈습니다.

태양빛과 어울리는 디자인
순백을 메인으로 한 수영복은 선명한 햇살에 빛나는 구릿빛 피부와 강렬한 대비를 이루며, 곳곳에 더해진 옐로우와 골드 컬러 포인트가 한층 더 화사한 분위기를 연출합니다. 단순한 피규어를 넘어, 여름의 상쾌한 공기를 그대로 담아낸 듯한 완성도를 자랑합니다.

역동적인 포즈와 디테일
비치볼을 힘차게 들어 올린 라이자의 포즈는 캐릭터 특유의 건강하고 에너지 넘치는 매력을 완벽히 표현합니다. 균형 잡힌 프로포션과 함께, 미소 사이로 드러나는 사랑스러운 송곳니는 팬들이 주목해야 할 포인트입니다. 그야말로 '여름의 라이자'를 손끝에서 만끽하실 수 있습니다.

RIZA

작품명	라이자의 아틀리에 3 ~종극의 연금술사와 비밀의 열쇠~
스케일	1/6 스케일 완성품 피규어
크기	약 290mm (전용 대좌 포함)
소재	플라스틱 도색 완성품
원형 제작	타카토리
채색	이나바(크레넬)
제작 협력	Ain / 사이토 미츠루(Phat!)
데칼 디자인	루카(크레넬)
제조	Phat! Company
판매원	굿스마일 컴퍼니

©2023 KOEI TECMO GAMES All rights reserved.

Good Smile

결의와 우아함을 담은 1/6 스케일 『스트리트 파이터』 춘리 ~Standby~ 피규어

격투 게임의 아이콘으로 전 세계 팬들에게 사랑받아온 「스트리트 파이터」 시리즈의 히로인, 춘리(Chun-Li)가 1/6 스케일 피규어로 등장했습니다. 이번 제품은 2022년, CAPCOM과 모모치하마 조제약국의 특별 콜라보레이션으로 화제가 되었던 '약봉투·약수첩 일러스트' 버전의 춘리를 원작으로 삼고 있으며, 일러스트레이터 아키만(Akiman)의 직접 감수를 거쳐 높은 완성도로 입체화되었습니다.

전투 직전의 긴장감과 당당한 아름다움
이번 피규어는 전투를 앞둔 순간, 강한 투지를 품으면서도 여유 있는 미소를 머금은 춘리의 모습을 재현했습니다. 군더더기 없는 바른 자세, 강인하면서도 유려한 근육 표현은 그녀의 무도인으로서의 자질을 그대로 드러냅니다. 특히 아키만 특유의 선명하고 세련된 색감을 그대로 살려낸 채색은 섬세한 조형의 음영을 더욱 돋보이게 하며, 눈동자에는 무려 홍채에 반사되는 빛까지 정교하게 담아내 압도적인 매력을 완성했습니다.

존재감을 드높이는 스탠딩 포즈
이번 춘리 피규어는 단순히 기술 시전 중의 모습이 아니라, 차분히 서 있는 자세를 선택함으로써 한층 더 강렬한 존재감을 발산합니다. 조형과 채색이 어우러져 만들어낸 그 기품 있는 자세는 마치 게임 속을 벗어나 현실에 선 듯한 착각을 불러일으킵니다.

CHUN-RI

작품명	스트리트 파이터 시리즈
사양	플라스틱 도색 완료 완성품, 1/6 스케일, 전용 대좌 포함
크기	약 290mm
원형 제작	유아사 히로 (맥스팩토리)
채색	나카노 피규어 교실(후쿠이)
제조	맥스팩토리
판매원	굿스마일 컴퍼니

©CAPCOM

지게차를 모는 '일하는 고양이', POP UP PARADE 시리즈로 등장!

Good Smile

굿스마일 컴퍼니의 인기 피규어 라인업 「POP UP PARADE」는 합리적인 가격, 약 17~18cm 전후의 부담 없는 크기, 그리고 빠른 발매 주기로 피규어 팬들의 마음을 사로잡고 있는 시리즈입니다. 이번에는 그 유쾌한 콘셉트를 이어, 일러스트레이터 쿠마미네 선생이 새롭게 그려낸 일러스트를 기반으로 한 특별한 제품이 출시됩니다.

바로 지게차에 올라탄 '일하는 고양이'가 그 주인공입니다. 귀여운 외형에 더해, 실제로 뒤로 당겨 손을 놓으면 앞으로 달려 나가는 간단한 기믹까지 탑재되어 있어, 단순한 디스플레이용을 넘어 움직임을 즐길 수 있는 피규어로 완성되었습니다. 무엇보다도 고양이 특유의 시크한 표정과 "좋아!"라는 일하는고양이의 상징적 포즈가 절묘하게 어우러져 소장 가치를 높입니다.

WORKING CAT

굿스마일 온라인샵 특전
신규 일러스트 스티커

작품명	시고토네코(仕事猫) 일하는 고양이
사양	플라스틱 도색 완성품 / 논스케일
크기	약 95mm
원형 제작	NEQ
제조·판매원	굿스마일 컴퍼니
저작권	©쿠마미네 공방

굿스마일 코리아
브랜드 스토어

6인치 액션 피규어 프로젝트

ACID RAIN x FEXT HOBBY

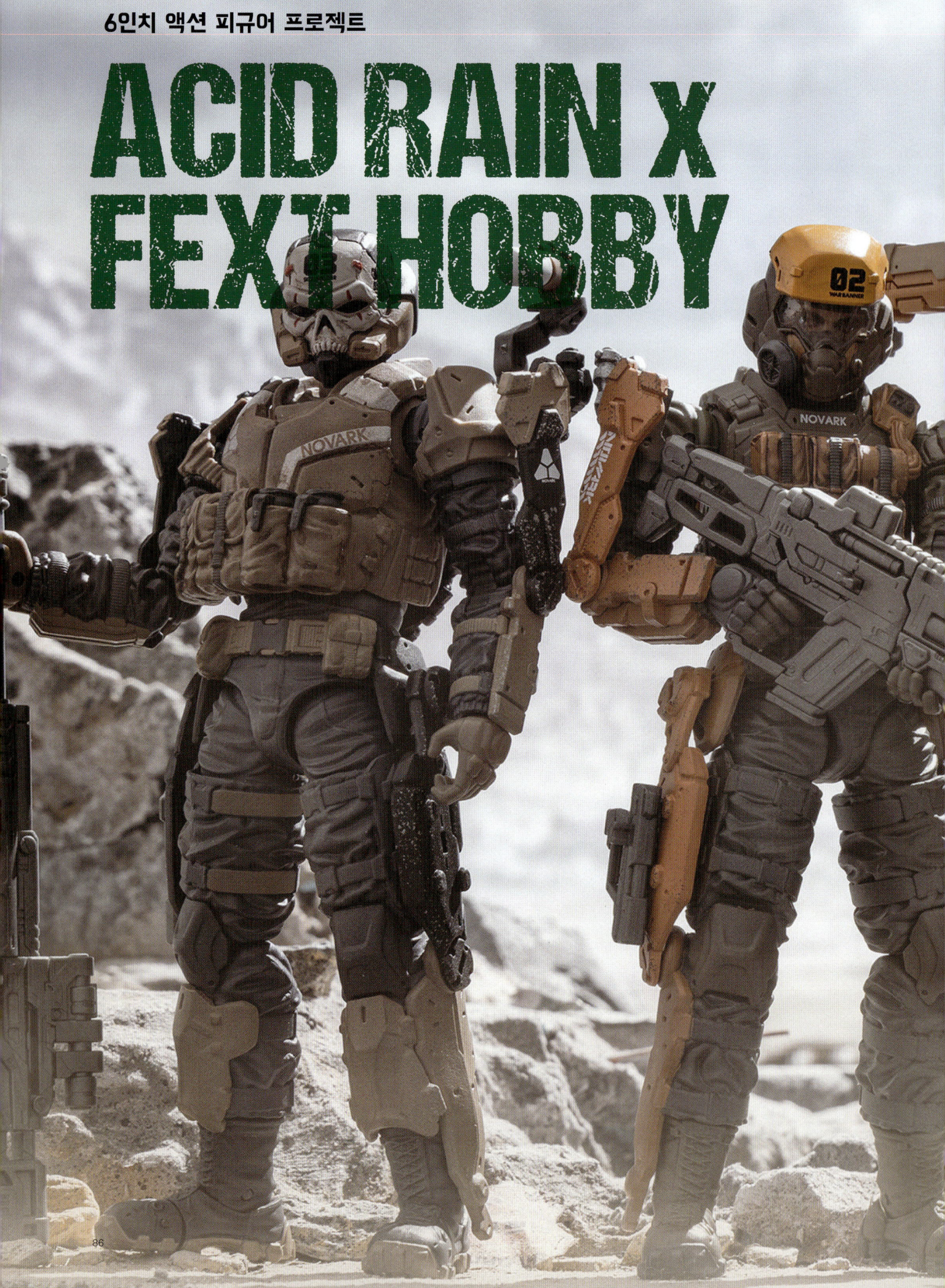

ACID RAIN X FEXT HOBBY, 6인치 액션 피규어 프로젝트

세계적인 밀리터리 × SF 액션 피규어 브랜드 「Acid Rain」이 새로운 도약을 시작한다. 1:18 스케일의 정교한 가공과 리얼한 웨더링 효과로 지난 12년간 마니아들의 사랑을 받아온 이 브랜드가, 이번에는 FEXT HOBBY와 손잡고 1:12 스케일(6인치 시리즈) 라인을 선보이는 것.
이 새로운 시리즈는 기존의 하드코어 팬층뿐 아니라, 보다 넓은 시장을 겨냥해 웨더링 효과를 제외한 깔끔한 디자인을 특징으로 한다.
Acid Rain은 여전히 미래적인 SF 세계관을 기반으로, 새로운 캐릭터와 서사를 통해 독자들을 방대한 우주로 초대한다. 이번 프로젝트의 무대는 노바 아크(NOVA ARK)'라 불리는 신대륙 개척 이야기다.

Acid Rain World: 노바 아크 스토리

"다크 컨티넨트(Dark Continent)"는 Acid Rain World 안에서도 가장 미지에 싸인 금지 구역이다. 수십 년 전, 알칼리 오더(Alkali Order) 광신도들이 '정화' 의식을 위해 바벨 테크(Babel Tech)**를 훔쳐오면서 이 지역은 사실상 버려졌다. 현재는 알 수 없는 간섭으로 탐지 장비가 전부 무력화되고, 외부와의 접근이 차단된 상태.

그럼에도 수많은 세력이 함대를 보내 상륙을 시도했지만, 결과는 참담했다. 대부분의 함선은 흔적도 없이 사라지고, 살아 돌아온 자들은 광기에 휩싸인 채 빠른 시일 내에 죽음을 맞는다. 심지어 그들의 육체에서는 죽은 뒤에도 계속 성장하는 괴상한 물질과 낯선 성분이 검출된다.

바로 이 미스터리 때문에 '네오 아틀란티스(Neo-Atlantis)**라는 초거대 물류 기업이 관심을 갖는다. 다크 컨티넨트는 극동 무역 루트의 핵심 거점이자, 경쟁사인 **퍼시픽 터미널(Pacific Terminal)**을 압도할 수 있는 요충지이기 때문이다. 이곳의 새로운 물질은 미래의 '최고 자원'이 될 가능성이 높고, 바벨 테크의 실험실에는 네오 아틀란티스를 단숨에 도약시킬 첨단 데이터와 장비가 남아 있을지도 모른다.

이에 네오 아틀란티스는 '노바 아크 프로젝트(NOVA ARK Project)'를 개시한다. 교역권과 전리품을 미끼로 동맹국의 정예들을 끌어들이고, 범죄자들을 강제로 징집해 함대를 꾸렸다. 더 나아가, 과거를 버리고 '선박인(shipfolk)'이라는 실험 대상이 되기를 자청한 자원자들을 받아들여, 새로운 개척민이자 실험체로 삼았다.

이번 6인치 시리즈는 이러한 방대한 세계관을 피규어라는 형태로 풀어내며, 팬들에게 단순한 수집품 이상의 몰입감을 선사할 예정이다. Acid Rain의 오랜 팬들에게는 또 다른 '차세대 컬렉션 라인'으로, 그리고 새로운 입문자들에게는 Acid Rain World로 들어가는 완벽한 관문이 될 것이다.

NOVARK ARK TEAM

Thane - 네오 아틀란티스의 '영웅'인가, 복수자일까

본명: 레인즈(Raines)
코드네임: Thane

네오 아틀란티스 긴급 대응팀의 핵심 인물로 불리는 Thane은 복잡한 생화학 위협과 예측 불가능한 사건을 처리하는 데 있어 단연 최고의 전문가다. 날카롭고 결단력 있으며, 강철 같은 의지를 지닌 그는 언제나 침착한 리더십을 발휘한다. 특히 알칼리 오더(Alkali Order)가 일으킨 위기 상황을 잔혹할 만큼 단호한 방식으로 해결하며, 그는 수차례 도시와 함대를 구해낸 '영웅'으로 칭송받아 왔다. 그의 이름은 네오 아틀란티스 시민들에게 곧 신뢰와 안도의 상징이다.

그러나 그 화려한 영광 뒤에는 의문이 따라붙는다. 그의 싸움은 과연 '의무감'에서 비롯된 것일까, 아니면 개인적인 '복수심'에 의해 움직이는 것일까? 알칼리 오더에 맞서는 그의 집요한 전투 방식은 때때로 군사적 임무를 넘어선 개인적 감정을 드러내는 듯 보인다.

이렇듯 Thane은 단순한 히어로가 아닌, 양면성을 지닌 인물로서 Acid Rain World의 이야기에 더욱 깊은 긴장감을 불어넣는다.

War Banner - 미래를 건 자원(志願)의 전사

본명: 볼커(Volker)
코드네임: War Banner
소속: 신아베카 동부연방(NAES) 해군 중위

신아베카 동부연방이 이번 NOVA ARK 프로젝트에 파견한 엘리트 대표는 바로 해군 중위 볼커, 코드네임 "War Banner"다. 그는 부대 내에서 압도적인 신망을 받고 있으며, 차기 소령 진급 후보군의 최상위에 오를 만큼 실력과 리더십을 인정받은 인물이다.

완고하고 고집스럽지만 동시에 충성심이 강한 성격을 지닌 그는, 언제나 전장 한가운데서 몸소 모범을 보이며 병사들을 이끈다. 그의 돌파력 있는 지휘와 앞장서는 태도는 전투마다 병사들의 사기를 크게 끌어올린다.

그러나 NOVA ARK 프로젝트에 대한 그의 시선은 현실적이다. 그 역시 이 임무가 단순한 탐험이 아닌, 거의 '자살 행위'에 가까운 도박이라는 사실을 알고 있다. 하지만 다크 컨티넨트(Dark Continent)에는 인류의 미래를 바꿀지도 모르는 비밀이 잠들어 있을지 모른다.

그는 동부연방의 미래, 더 나아가 신연방 전체의 번영을 위해 자발적으로 이번 프로젝트에 합류했다. War Banner라는 이름처럼, 그는 전장 그 자체가 깃발이 되어 앞으로 나아가는 존재다.

Skullwelder - 위험을 갈망하는 '괴물 용병'

본명: 리오스(Rios)
코드네임: Skullwelder
소속: 전직 네오 아틀란티스 밀수 항로 용병, 현 노바 아크 프로젝트 참여자

네오 아틀란티스의 은밀한 무역 루트에서 활동했던 전직 용병, 리오스. 그러나 그를 단순히 '용병'이라 부르기엔 부족하다. 그는 수많은 범죄를 저지른 끝에 붙잡힌 중범죄자이자 죄수다.

리오스는 태어날 때부터 통각이 없는 신체를 가진 채 세상에 나왔다. 고통을 느낄 수 없다는 사실은 그를 사람들 눈에 기형이자 괴물로 보이게 했고, 결국 그는 폭력과 전투에 집착하는 성격으로 자라났다. 싸움에서만 안정을 느끼고, 위험 속에서만 살아있음을 실감하는 그는 언제나 "고통 없는 고통"을 갈망한다.

그에게 다크 컨티넨트(Dark Continent)는 그야말로 이상향이다. 불확실한 위험, 알 수 없는 괴현상, 죽음을 불러오는 비밀들로 가득한 그곳은 리오스에게 있어 최고의 놀이터이자, 끝없는 전장이다.

그래서 그는 주저 없이 NOVA ARK 프로젝트에 몸을 던졌다. 다른 이들에게는 자살 행위에 가까운 임무일지라도, Skullwelder에게는 생의 의미를 찾는 최상의 무대인 셈이다.

Proteus - 다목적 전술 로봇 병사

명칭: Proteus / 普羅透斯
개발: 네오 아틀란티스
용도: 노바 아크 프로젝트 전용 맞춤형 전술 로봇

Proteus 시리즈는 네오 아틀란티스가 NOVA ARK 프로젝트를 위해 특별 제작한 다기능 전술 로봇 병사다. 이번 탐사대에는 최초 생산된 6기가 투입되었으며, 모두 'Thane' 레인즈 대위의 부대에 배속되어 있다.
이들의 핵심은 바로 집적 칩이다. 칩에는 지금까지 수집된 **다크 컨티넨트(Dark Continent)**의 모든 정보가 담겨 있다. 이를 바탕으로 Proteus는 토양, 수질, 대기 등 환경 데이터를 실시간으로 분석·모니터링하며, 위험 요소를 즉각 경고한다. 또한 안전한 경로를 제시해 탐사대의 생존 확률을 극대화한다. Proteus는 단순한 보조 장비를 넘어 지휘관의 데이터베이스이자 전술 참모로 기능한다. 더불어 위험 상황에서는 방패가 되어 지휘관의 생존과 임무 완수를 보장하는 최후의 안전장치 역할을 한다.
NOVA ARK 프로젝트가 '도박'이라 불릴 만큼 위험천만한 탐사라면, Proteus는 그 도박의 승산을 높이는 최첨단 패라고 할 수 있다.

Instagram: @acidrainworld
Website: www.acidrainworld.com

Instagram: @fexthobby
Website: www.fexthobby.com

두 브랜드의 만남이 가지는 의미

럭셔리 패션 브랜드 MCM은 1976년 독일 뮌헨에서 시작해 전 세계적으로 확장한 하우스다. 브랜드명인 Mode Creation Munich이 말해주듯, 고급 가죽 공예 기술을 바탕으로 한 아이템들은 자유와 모험, 여행을 상징하는 이미지를 담아왔다. 특히 상징적인 '비세토스(Viisestos)' 모노그램 패턴은 단순히 장식이 아닌, 브랜드의 세계관을 시각적으로 표현하는 언어다. 오늘날 MCM은 럭셔리와 스트리트 감각을 동시에 아우르며 세대를 초월한 공감을 이끌어내고 있다.

반면 일본 메디콤토이가 만든 BE@RBRICK(베어브릭)은 전혀 다른 방식으로 세계와 소통해왔다. 2001년 첫 출시 이후 곰 모양의 단순한 실루엣을 기반으로 수많은 아티스트와 브랜드와 협업하며 컬렉터블 아트의 상징이 되었다. 100%에서 1000%까지 이어지는 다양한 크기, 아티스트의 해석에 따라 달라지는 무한한 그래픽 가능성, 그리고 매번 한정된 수량으로 선보이는 전략은 베어브릭을 단순한 장난감이 아닌 현대 대중문화와 예술의 교차점으로 만들었다. 이처럼 성격이 전혀 다른 두 브랜드가 손을 잡았다는 점은 흥미롭다. MCM이 지닌 럭셔리와 여행, 모험의 정신과, 베어브릭이 보여주는 자유로운 협업과 실험성이 서로를 보완하며 새로운 무대를 만들어내기 때문이다.

패션과 아트 토이의 경계 허물기:

MCM × BE@RBRICK

협업의 목적과 철학

이번 협업의 핵심은 단순히 'MCM 패턴을 베어브릭에 입히는 것'이 아니다. 럭셔리 브랜드와 아트 토이 컬처가 서로를 해석하며 새로운 시각 언어를 만들어내는 시도였다. MCM 글로벌 CBO 디르크 쇤베르거는 이번 프로젝트를 "럭셔리, 수집 예술, 상상력이 교차하는 대화의 장"이라 표현했다. 이는 곧 브랜드 확장의 전략일 뿐 아니라, 서로 다른 영역에 속한 문화가 만나 새로운 세대를 사로잡을 수 있다는 메시지이기도 하다.

특히 베어브릭의 협업 방식은 아티스트와 브랜드의 개성을 그대로 담아내면서도 본래의 정체성을 훼손하지 않는 특징이 있다. 이번 MCM과의 작업에서도 베어브릭은 자신이 지닌 특유의 조형 언어를 유지하면서, MCM의 모노그램과 철학을 자연스럽게 흡수했다. 결과적으로 양쪽 모두에게 문화적 확장성을 제공하는 완벽한 플랫폼이 된 셈이다.

시너지 효과: 패션, 공예, 예술의 교차

일본의 예술가들과 전통 공예 브랜드가 함께 참여해 협업의 의미를 한층 풍부하게 만들었다. 아티스트 노부키 히즈메는 오트 쿠튀르 기법을 차용해 초현실적인 모자를 베어브릭에 얹은 작품을 선보였고, 켄 야시키는 가족의 개인적 기억을 현대적으로 재해석한 작품을 베어브릭을 통해 표현했다. 또한 400년 역사를 지닌 공예 브랜드 인덴야는 사슴가죽에 옻칠을 입히는 전통 기법 '고슈 인덴'으로 MCM의 모노그램을 구현하며 럭셔리와 장인정신을 새로운 방식으로 이어냈다.

이러한 작업들은 단순한 협업 제품을 넘어, 베어브릭을 매개체 삼아 패션·공예·예술이 서로 교차하고 확장되는 과정을 보여준다. 이는 수집가와 패션 소비자 모두에게 새로운 경험을 선사하며, MCM이 지향하는 '경험적 럭셔리'의 가치를 그대로 드러낸다.

BE@RBRICK in MCM Wonderland

전시 'BE@RBRICK in MCM Wonderland'
이번 협업의 성과는 서울 청담동 MCM 하우스에서 열린 특별 전시 BE@RBRICK in MCM Wonderland를 통해 집약되었다. 2025년 9월 3일부터 30일까지 진행된 이 전시는 메디콤토이 CEO 타츠히코 아카시가 큐레이션을 맡아 예술성과 브랜드 스토리를 균형 있게 풀어냈다.
전시장에는 아티스트들의 작품뿐만 아니라 한정판 베어브릭 3종이 공개되었고, 티셔츠·숄더백·참·그립톡 등 다양한 협업 굿즈가 함께 선보였다. 모든 제품은 MCM 하우스와 공식 온라인 스토어, 무신사 등에서 판매되며, 런칭 직후부터 큰 화제를 모았다. 단순한 전시를 넘어 관람객이 실제로 경험하고 소장할 수 있는 요소를 더해 협업의 메시지를 생활 속으로 확장한 것이다.

전시가 주는 낯선 울림

베어브릭은 원래 '아트 토이'라는 이름으로 불리지만, 이 전시에서의 존재감은 토이를 넘어 조형 예술 작품에 가까웠다. 노부키 히즈메가 만든 아방가르드 모자는 베어브릭을 전혀 다른 생명체처럼 보이게 했고, 인덴야의 전통 기법이 새겨진 가죽은 럭셔리 브랜드의 장인정신을 또 다른 차원으로 확장했다. 켄 야시키의 1000% 베어브릭은 소장하고 싶다 라는 욕구를 솟구치게 했다. 마치 패션과 예술, 전통 공예가 한 무대 위에서 서로의 언어를 교환하는 듯한 장면이었다.

명품에 대한 인식의 변화

솔직히 말해, 명품 브랜드는 늘 알 수 없는 장벽처럼 다가왔다. 가격과 문화적 거리감이 그 벽을 높게 만들곤 했다. 그러나 이번 전시는 그 장벽을 무너뜨릴 새로운 통로였다. 단순히 '비싼 가방'이나 '고급 패션'이 아니라, 예술적 메시지를 담은 경험으로서 MCM을 바라보게 된 것이다. 베어브릭과 함께한 MCM의 시도는 "럭셔리는 소유가 아니라 체험일 수 있다"는 가능성을 보여주었다.

경험으로 남은 전시

전시장을 나서면서, 단순히 브랜드 협업 전시를 본 것이 아니라 현대 예술 전시를 다녀온 듯한 충만함을 느꼈다. 패션과 예술이 서로를 필요로 하며 새로운 무대를 만들 때, 우리는 그 사이에서 낯설지만 매혹적인 세계를 경험하게 된다. 이번 전시는 그 가능성을 생생하게 증명했다.

그리고 문득 이런 생각이 들었다. "이런 경험을 더 많이 하고 싶다." 명품이 만들어내는 장벽을 넘어, 그 속에 담긴 이야기를 듣고, 예술과 공예가 얽힌 결을 직접 체험하고 싶다. MCM과 베어브릭의 만남은 단순한 협업을 넘어, '럭셔리'라는 단어와 맺어온 관계를 새롭게 바꿔놓았다.

아니! 이 귀여운 카드들은 대체 뭐야?

안녕! 스토리텔러 팻두야! 드디어 카드를 발매했어. 포켓몬, 원피스, 드퀘, 나루토 등등 여러가지 카드들을 접하면서 카드의 매력에 빠졌거든! 그래서 MBTI 카드를 만들어 봤는데 너무 좋아해 주셔서 아 이거 진짜 제대로 해봐야겠다! 라는 생각 끝에 기획, 디자인 미친듯이 달려서 드디어 완성했어! 악구리 아이템 카드 VOL.1은 총 70종으로 이루어져 있어!

악구리 아이템 카드가 뭔지 알려줘! 그 악구리 캐릭터랑 어떤 연관이 있는 거야? 행운 카드같은 거야?

아 악구리는 내가 만든 브랜드라서 악구리라는 이름을 쓴 거고 카드의 스토리는 악구리하고 딱히 이어지진 않아! 엄청 큰 세계 안에 멀티버스처럼 들어 있는 캐릭터라고 생각해 주면 돼! 그리고 이 카드는 굳이 설명하자면 행운 부적 카드야!

믿으면 이루어진다

엄청 독특한 내용들이 들어 있던데 2-3개만 알려줘!

총 70종으로 이루어져 있고 다 재밌는데 (?) 그 중에서 내가 좋아하는 카드 중 하나는 최애 애니 카드! 최애 애니를 말풍선에 쓰고 친구에게 카드를 자랑하면 덕력 상승! 10덕으로 성장! 이런 카드인데 맘에 들어 ㅋㅋ 그 밖에도 '잔소리 금지' 카드, '비타민 챙기기' '강아지와 대화하기' '행운 나누기' 등등 다양한 카드들이 존재해! 분명 우리의 하루를 즐겁게 만들어 줄거야!!

역시 재밌어! 가장 극악의 확률로 나오는 카드는 뭐야?

vol.1에서 0.1%로 나오는 카드 있어! 부적 카드야! 이건 실제로 도선당 서귀 무당님이 써주시고 신당에 기도를 올려주신 카드야! 딱 1장 들어 있어! 믿으면 이루어진다. 라는 슬로건에 맞게 진짜 행운이 잔뜩 들어 있는 부적 카드를 넣고 싶었어! 그래서 무당님께 직접 연락해서 부탁을 드렸던 거야! 누가 받을진 모르겠지만 진짜 행복한 일이 가득했으면 좋겠어!! 그리고 그 다음으로는 ART 카드라고 팻두가 직접 손으로 그리는 카드랑 LUK 라고 행운을 나누는 카드! 이건 근래에 운이 좋았던 사람이 싸인을 해서 운을 나눈다는 의미의 카드야! 다양한 사람들의 실제 싸인을 들어 있어! ㅎㅎ
둘 다 1카톤 (110팩)에 1장씩 들어 있어!

[110팩 (1카톤) 기준]
ART (Handmade ART) ---------------- 0.45%
SEC (Secret) ---------------------------- 1.82%
LKS (Luck Sharing) ------------------- 0.91%
AKB (Akguri Ball) ---------------------- 3.64%
SSR neon (Super Super Rare neon) --- 3.64%
SSR (Super Super Rare) -------------- 6.82%
SR (Super Rare) ----------------------- 10.00%
R (Rare) ------------------------------- 23.64%
C (Common) -------------------------- 49.09%
Talisman ---------------------------- VOL.1 전체에서 0.1%

AKGURI CARD

全2種

2장 들어있음

악구리 아이템 카드
VOL.1 총 62종 디자인
(대상 연령: 9세 이상)

信じればかなう☆
믿으면 이루어진다

★ AKGURI ★
ITEM Card

@fatdoostory | AKGURI TALISMAN CARD | 2025. Believe, and it will come true. 信じればかなう。   MADE IN KOREA

이렇게 수작업으로 카드를 만들면 단가가 많이 나올 거 같은데 남는 장사 맞지?

아.. 맞아.. 상상을 초월해ㅋㅋㅋㅋ 단가가 절반 가까이 나온다고 봐야 돼. 진짜 남는 사업이 아니야. 이건 너무 좋아해서 시작한 거고 반응이 좋으면 여러 업체와 미팅도 하고 아이디어도 공유하면서 더 제대로 된 카드를 만들어 보고 싶어!

카드를 만들 때 가장 중요하게 생각했던 부분이 뭐야?

아 정말 좋은 질문이야. 사실 그냥 귀엽고 재밌는 일상을 만들기 위한 카드라고 생각할 수도 있지만 진짜 뜻은 따로 있어. 사실.. 내 영혼을 넣어서 만듦(??) 진짜 믿음을 가지고 움직이면 뭐든 이루어진다고 생각하거든. 예를 들어서 "면접 날에 이 카드를 가지고 가면 붙을 확률 30% 상승"이라는 카드가 있다고 하면 정말 그 카드로 인해 용기와 힘을 얻을 수 있다고 생각해. 이런 믿음이나 부스터 효과는 과학적으로도 입증 됐다고 하더라구!! 그래서 면접을 더 잘 볼 수 있게 해주고 붙을 확률이 분명히 올라간다고 생각해. 이런 작은 이야기들로 인해 일상을 즐겁게 해주고 희망을 만들어 주고 싶었어. 그래서 진짜 내 영혼을 조금씩 넣어서 만들었음. 다 이루어질 수 있게!!

악구리볼 카드가 있던데 그건 뭐야?? 드래곤볼이야??

맞아 ㅋㅋㅋ 드래곤볼 오마쥬 한거야 ㅋㅋ 악구리 볼 카드 1~7개를 모으고 악룡 카드까지 총 8종의 카드를 모으면 10만원 상당의 팻두의 선물을 보내줘!!! 굿즈 모음일 수도 있고 아트토이 일수도 있고! 랜덤이야 진짜 랜덤! 많이들 모아서 소원을 빌어줘!!!!

판매처는 스마트 스토어에서만 팔아? 오프라인도 생각 중이야?

응응 우선 스토어에서만 판매 중이고! 그 밖에도 SPP 스마트 스토어, 오프라인에서는 팝업 기간 동안 여기 저기서 판매 할 예정이야! 최대한 많은 사람들이 즐길 수 있게 준비 중!!

카드는 시즌 몇 까지 나올 예정이야?

적자 행진만 하지 않는다면 계속 나온다!!!! VOL.100000까지. (나왔으면 좋겠다)

애니띵 독자들에게 한 마디!!!

저의 카드를 소개하고 싶었습니다. 항상 애니띵 사랑해주셔서 감사해요!! 앞으로도 여러분들이 서브컬쳐에 대해 더 많이 알고 좋아할 수 있게 많은 컨텐츠 다루도록 할게요!! 항상 행복하세요!!!

모든 불가능은
믿음 앞에서 무너진다

악구리카드 구매처

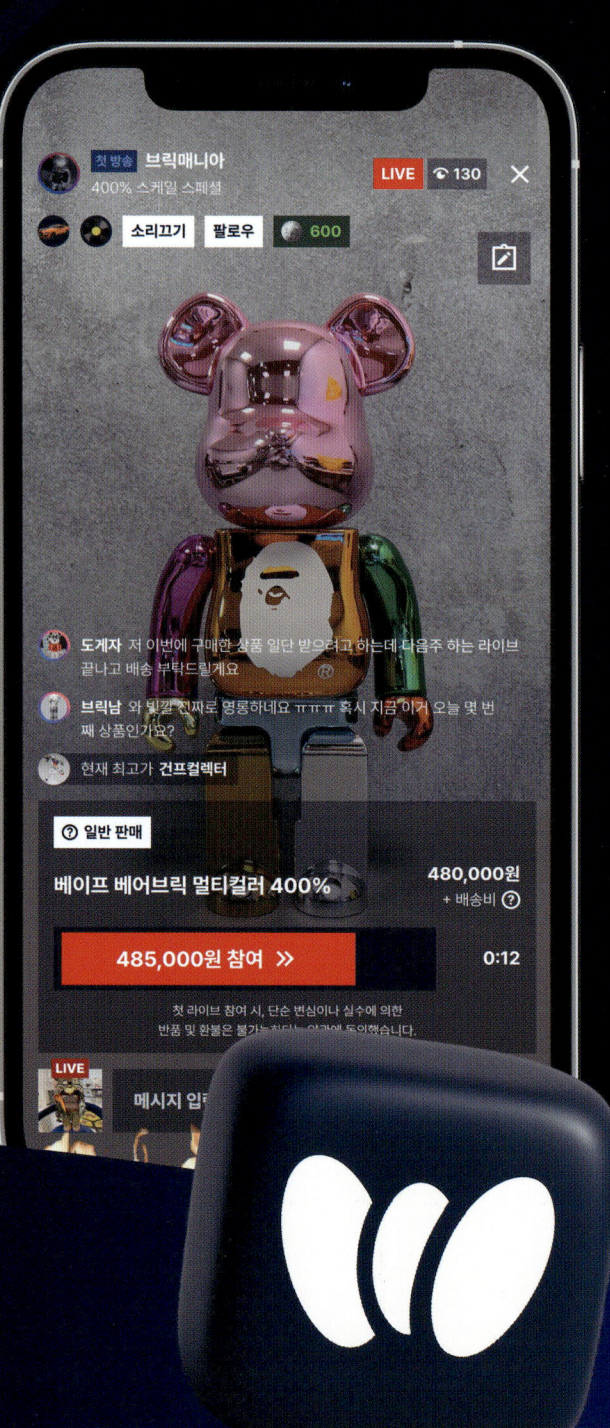

당신의 수집 라이프를 위한
단 하나의 **라이브 커뮤니티**

WYYYES

와이스는 피규어 · 굿즈 · 건프라 · TCG 등 다양한 카테고리의 수집 상품들을
실시간 라이브를 통해 쉽고 빠르게 거래할 수 있는 앱 플랫폼입니다.

매일 새롭게 진행되는 라이브에서 같은 관심사의 컬렉터들과 소통하며
저렴한 입문용부터 쉽게 보기 힘든 **한정판 컬렉션**까지 모두 만나보세요!

@wyyyes_app
와이스 공식 인스타그램

빠르고 간편한 거래 시스템

와이스는 라이브 경매와 공동 구매, 타임 딜 등
수집품 거래에 대한 최적의 거래 시스템을 제공합니다.

갖고 싶은 상품을 참여자들과의 경쟁을 통해 쟁취하거나,
상품에 맞는 효율적인 방식을 선택해 거래하실 수 있습니다.

막힘없는 라이브 커뮤니케이션

와이스만의 특별한 라이브 시스템을 통한
약 2초 미만의 스트리밍 딜레이로
기존에 없던 쾌적한 환경에서 컬렉터들과 소통하세요.

진짜 컬렉터들을 위한 커뮤니티

유명 셀럽, 헤비컬렉터들과 함께하는 **스페셜 라이브**
라이브 외에도 편하게 거래 가능한 **타임 딜 / 일반 상품**
라이브에서 뽑은 희귀템을 자랑할 수 있는 **힛 갤러리**
부담없이 응모 가능한 **풍성한 이벤트**까지!

와이스만의 즐거운 컨텐츠는 앞으로도 쭉 계속됩니다.
더 늦기 전에 와이스 세상에 합류하세요!

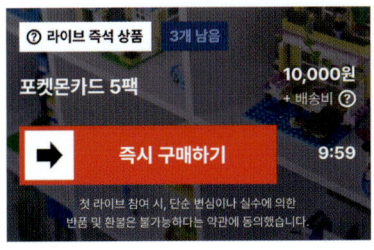
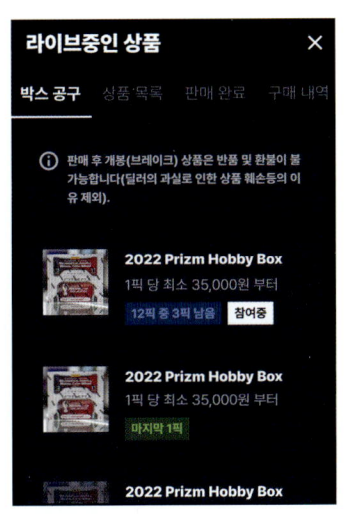

좌1) 구매 희망자들이 라이브에서 자유롭게 경쟁하는 경매 방식의 일반 판매
좌2) 동일 상품의 재고를 즉석에서 빠르게 판매하는 라이브 즉석 상품
우) 라이브 진행 전 구매자를 사전 모집할 수 있는 박스 공구 시스템

와이스가 궁금하다면?
지금 바로 다운로드!

구글 플레이스토어 / 앱 스토어에서
'와이스'를 검색하세요.

와이스
www.wyyyes.com
support@wyyyes.com

주식회사 볼라 (Volla. inc)
사업자등록번호: 308-97-01689

팻두의 인터뷰텔링

캥여사

우와와~~ 캥여사!! 반가워! 현재 하는 일하고 자기소개 부탁해!

안녕, 나는 장난감 파는 캥여사라고 해. 남편과 함께 18년째 국내외 유명 피규어 브랜드를 수입·유통하는 이글루토이(IGLOOTOY)라는 회사를 운영하면서, 장난감 리뷰와 서브컬처 소개를 위한 개인 플랫폼 OGT(Our Great Toys: 우리들의 위대한 장난감)도 함께 운영하고 있어. 참고로 OGT는 내가 좋아하는 만화 GTO(Great Teacher Onizuka)의 알파벳 배열을 바꿔서 만든 이름이야.

이글루토이 미쳤어!! 엄청난 총판들을 가지고 있는 회사 ㅠ OGT도 너무 잘 보고 있어!! 이번에 했던 전시도 규모가 미쳤는데 진짜 기록되어야 할 전시라고 생각하거든!! 어쩌다가 준비하게 된 전시야? 자세히 알려줘!

장난감을 수입·유통하다 보니 여러 곳을 다닐 기회가 많았어. 그러다 보니 '아는 만큼 보인다'는 말처럼, 내가 좋아하고 관심 있는 것들을 배우고 경험하면서 하나 둘씩 모으게 됐고, 어느새 꽤 많은 양이 되었더라. 나 혼자 보기엔 아까운 것들도 많아서, 가격의 고저나 자랑은 전혀 중요하지 않았고 "이런 제품이 한국에도 있다"는 것, "이런 수집을 하는 사람이 있다"는 것, 그리고 그런 사람들이 꽤 우리 가까이에 있다는 것에 대한 공감을 나누고 싶었어. 장소와 시간의 문제로 기회만 엿보던 중, 압구정 '소프트 코너' 갤러리에서 너무 좋은 제안을 주셔서 전시를 열게 되었지.

진짜 색 다른 전시였어. 어디에도 없었던!! 아 그리고 나 전시에서 뽑기 1등 당첨되어서 루이비통 팔찌 받았잖아!! 그 날부터 좋은 일이 많이 생기고 있어!! 그 팔찌에 대해서 자세히 알려줘!

나도 정말 놀랐어! 일단, 정말 축하해. 그 무엇보다 내가 아끼는 사람이 당첨되어서 더욱 기뻤던 것 같아. 팻두가 받은 그 팔찌는 루이비통과 유니세프가 협업한 '실버 락킷(Silver Lockit)'인데, 팔찌 1개를 구매하면 100달러가 유니세프에 기부되는 아주 좋은 취지의 제품이야. 게다가 이 제품은 특히 내가 좋아했던 (故)버질 아블로의 디자인이라 더욱 깊은 의미가 있지.

절대 평생 간직해야지!! 그리고 가장 흔한 질문일 수도 있지만 전시 물품 중에서 가장 비싼 게 뭐였어??ㅎㅎ

하하. 정말 많이 받는 질문이야. 단일 품목으로 가장 비싸게 구입한 제품은, 라이터로 유명한 프랑스 브랜드 ST.DUPONT의 오뜨 크리에이션(Haute Creation) 라인 중 HBO 인기 드라마 [왕좌의 게임]과 협업한 라이터야. 철의 왕좌 위에 각 가문의 문양이 새겨진 라이터가 앉아 있는 형태지. 전 세계 88개 한정인데, 아직까진 내가 유일한 한국인 소장자로 알고 있어. 거의 모든 공정을 수작업으로 진행해서 제작 시간이 엄청 오래 걸려. 그만큼 볼륨과 카리스마, 그리고 가격도 모두 '어마어마'해.

우아 역시 ㅠㅠ 그럴 거 같았어. 창고에 어마어마하게 이것 저것 많은 걸로 아는데 이번 전시에 가져 온 것들은 어떤 기준이었어?

기준은 단 두 가지였어. 첫 번째, 대중적으로 많이 알려진 명품 브랜드로 구성할 것. 두 번째, 그중에서도 유명한 영화나 만화, 캐릭터와 협업한 제품들로만 구성할 것. 이 기준은 내가 평소 수집할 때 지고 있는 신념이기도 해. 팻두도 알다시피 세상은 넓고 예쁜 것들은 엄청 많잖아? 하지만 모든 것을 다 가질 순 없으니, 나는 그중에서도 내가 좋아하는 영화나 만화, 혹은 캐릭터와 협업한 라인만 모으는 편이야. 내 취향과 관심에 맞는 것들로만 모아도 이미 충분히 벅차거든^^

맞아! 전시 보면서 진짜 국내에서 보기 힘든 아이템들이 많다고 생각했거든. 수집할 때 절대 못 참는 아이템이 있다면? 캐릭터나!

일단 디즈니, 루니 툰, 버질 아블로 등 내가 사랑하는 브랜드나 작가와의 협업 제품은 무조건 지르는 편이야. (예로 들면 미키마우스는 '판타지아'나 '증기선 윌리' 버전에 열광해) 또 맥도날드, 스타워즈, 홍콩 혹은 하와이 관련 아이템도 못 지나쳐. 결국 내가 지금까지 살아오면서 인상 깊었던 경험과 연결된 굿즈를 수집한다고나 할까! 내 콜렉션은 내 인생과 어떤 식으로든 연결이 되어 있는 것들이야.

나도 디즈니... 절대못참.. 그러면 가장 좋아하는 캐릭터, 브랜드 5개 알려줘!

1)폴로 : 중 2 때 처음 접한 이후로 단 한 순간도 폴로를 놓은 적 없어. 내게 있어서 폴로는 첫사랑과 같은 존재야. 20년 전 사진을 봐도 마치 어제 찍은 것처럼 보여. 좀 웃기지. 내 취향은 한 번 정해지면 크게 안 바뀌는 스타일이야.

2)맥도날드 : 20대 초반 우연히 들어간 맥도날드 매장에서 4년 넘게 일을 했어. 내 청춘과 함께 한 존재이고, 힘든 일도 많았지만 정말 즐겁고 그 어디에서도 경험하지 못할 귀한 순간들을 겪었어. 아직도 근무할 때 모았던 핀뱃지와 타이 등을 간직하고 있을 뿐더러 해외 나갈 때마다 현지 맥도날드 굿즈를 사거나 특이한 메뉴를 꼭 먹어보지. 친구들이 폴로나 맥도날드를 보면 자동적으로 나를 떠올릴 정도니까, 내가 이 둘을 얼마나 사랑하는지 알겠지?

3)소프스튜디오 : 본업으로 다루는 여러 브랜드 중 제일 애정하는 홍콩 아트토이 브랜드야. "비누처럼 매일 사용하는, 삶에 녹아드는 행복"이 브랜드 슬로건이고, 이들은 같은 IP를 가지고도 그들만의 해석과 특징을 녹여 독창적인 토이 및 굿즈를 만드는데 탁월한 능력을 가지고 있어. 그 점이 내가 소프스튜디오를 사랑하는 가장 큰 이유야. 다른 브랜드들과 똑같지 않거든.

4)디즈니(의 거의 모든 IP) : 디즈니랜드에만 들어가면 내가 디즈니의 일부분이 된 것 같은 묘한 기분이 들어. 이건 아마 내가 호호 할머니가 되어도 그럴 거야. 한문화적 배경이 다름에도 불구하고, 왠지 명예 미국인이 된 것 같은 (ㅋㅋ) 기시감과 동시에 익숙한 그리움과 노스텔지어가 몰려와. 해질녁 들리는 노래 소리, 반짝거리는 불빛을 보면 내 모든 고민과 슬픔이 잠시나마 사라지며 순수한 행복이 밀려오지. 캐릭터 하나로도 이렇게나 즐거울 수 있구나. 문화의 위대함이 온몸으로 느껴져.

5)레고 : 덴마크의 목수 올레 키르크 크리스티얀센은 정말 천재야. 레고 블록으로 못 만드는 게 없잖아? '레고(LEGO)'는 덴마크어로 '재미있게 놀다'는 뜻의 "leg godt"에서 왔어. 정말 레고 하나만 있으면 잘 놀 수 있으니, 이 얼마나 위대한 우리들의 장난감 = OGT 맞지? (깨알 홍보)

여러가지를 수집하면서 가장 뿌듯하고 만족스러웠던 작품 알려줘!!!

몽블랑에서 만든, 디즈니 90주년 기념 만년필이야. 전 세계에 단 90개만 만들어졌고, 국내에선 내가 유일하게 소장하고 있는 걸로 알고 있어. 가격은 무시무시하지만, 그 작은 펜 하나에 그들이 말하고자 하는 메세지나 캐릭터의 특징, 매력을 다 담기 위해 얼마나 많은 사람들이 오랜 시간을 고심했을까 생각하면 결코 비싼 가격이 아니라고 생각해. 잘 만든 IP 하나가 몇 세대를 책임진다는 말이 있잖아? 그런 의미에서 디즈니가 딱 좋은 예야.

해외를 많이 다니잖아! 어디가 가장 쇼핑하기 좋아? 동네나 샵에 대해서도 알면 알려줘!

장난감은 일본보단 홍콩을 더 선호하는 편이야. 물론 홍콩은 아키하바라나 나카노처럼 큰 타운은 없지만, 대신 지하철 노선이 단순하고 택시비가 싸거든^^
사람마다 의견 차이는 있겠지만 나같은 경우는 출장으로 홍콩을 100번 넘게 갔다 보니 단골 샵도 많고 노하우도 있어서 더 편하지. 자주 가는 곳은 몽콕, 코즈웨이베이. 아이들과 갈 땐 디즈니랜드랑 토이저러스는 거의 필수 코스야. 빈티지나 브랜드 굿즈는 확실히 일본이 더 좋고. 하지만 그 어디를 다녀도 궁극의 쇼핑은 역시 미국! 모든 IP가 다 모여 있는 덕후들의 천국이야. 덕중의 덕은 양덕이라는 말이 괜히 나온 게 아니더라니까.

앞으로의 팝업 일정이나 전시 계획 알려줘! 그리고 독자들한테 한 마디!!

작년부터 올여름까지 정말 쉴 틈 없이 달려왔기에, 2025년 하반기에는 팝업 두 개 외엔 특별한 계획은 없어. 대신 본업에 충실하면서, 내가 운영하는 OGT 유튜브 채널을 본격적으로 강화해보려 해. 한때 너무 바쁘게 살다 보니 자신감도 떨어지고, 스스로 매너리즘을 느꼈던 적이 있었어. '내가 정말 원하는 게 뭘까 고민하게 됐는데, 결국 장난감과 굿즈를 볼 때 내가 제일 행복하다는 걸 알게 되었거든. 그래서 장난감을 다루는 직업을 잘 활용하여 내가 전하는 신제품 장난감 소식이나 유니크한 서브컬처 콘텐츠가 누군가에게 흥미로운 정보가 되고, 더 나아가 한국 취미 시장 확장의 발판이 된다면 내게 그보다 더 보람찬 일은 없을 것 같아. 결국 취미는 즐거우려고 하는 거잖아? 스트레스 받지 말고, 비교하지 말고, 좋은 것만 가득한 하루하루가 되었으면 좋겠어. 정말 더운데 건강 꼭 챙기고, 우리 또 만나자 :) Bye for now!

진짜 엄청난 인터뷰였어... 뭔가 배울 게 많은 인터뷰랄까. 고마워!! 다음에도 꼭 멋진 전시 부탁할게!! - 팻두 -

제1회 애니띵 일러스트공모전
메이드 카페의 모든것

수상자 발표

ANITHING X PICK

끙끼

못

뇽

젤로

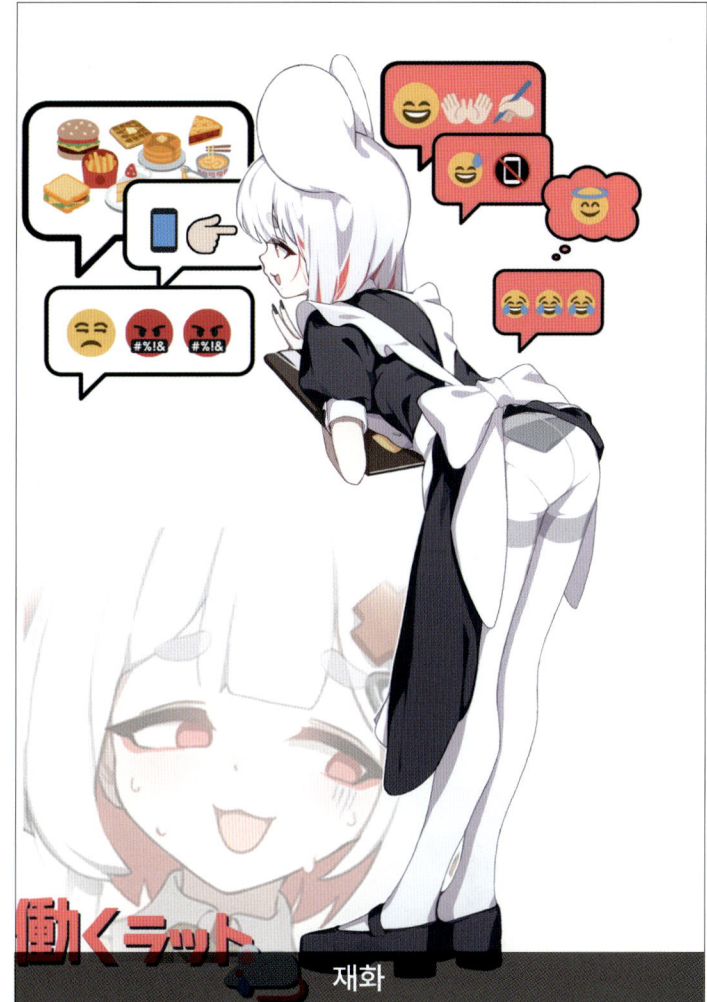
재화

푸른여우

HwaNaBy

율밤

비엡

아쉴라

불냥

홍삼

Mona_Disc

별이얌

inda

KiLo

yasu1_12

15Step

인기상
ユク

비쥬아트 인터뷰

자기소개 해줘
나는 미소녀 캐릭터 일러스트를 주로 그리는 일러스트레이터 비쥬아트 라고 해! 다양한 색채와 연출을 조화롭게 활용하여 속에 담긴 이야기나 감정을 상상할 수 있는 그림을 좋아하기에, 캐릭터와 분위기를 장면속에 담아내는 방식의 작업을 해왔어!

이번 공모전에 출품한 작품은 어떤 메시지와 세계관을 담고 있었어?
중학교 때부터 메이드 캐릭터를 되게 좋아했었는데, 이번 공모전을 우연히 발견하고 내가 좋아하는 요소들을 몽땅 담은 캐릭터를 그려야겠다는 생각이 들었어. 개인적으로 영적인 소재나 분위기에도 관심이 있어서 메이드 캐릭터랑 적절히 섞으면 재밌겠다는 마음에, '신들이 오가는 카페에서 근무하는 천사 메이드'라는 컨셉을 떠올렸어.
인간이 지니고 있지 않은 초능력을 사용해서 오직 신들만 즐길 수 있는 고급 메뉴나 디저트를 소환해 내는 장면인데, 천사의 귀엽고 발랄한 성격과 느낌이 묻어나도록 그려냈어.

스스로 정의하는 '비쥬아트 스타일'은 무엇이라고 생각해?
내가 생각하는 나의 스타일은 딱히 한 장르에 구애받지 않고, 표현하고자 하는 분위기나 세계관에 맞춰서 그림체를 조절하는 편이야. 원래는 반실사체를 추구했지만, 요새는 데포르메가 많이 들어간 그림체도 관심이 있어서 두 방식 다 시도하는 중이야. 하지만 서로 다른 그림체라도 공통되게 내가 추구하는 특징이 있는데, 캐릭터 저마다 하나의 군상이 아니라 서로 다른 개별적인 특성이 드러나도록 머리카락, 전체적인 색감, 배경에 신경 쓰면서 작업하고 있어. 그리고 전공의 특성을 살려서 회화적인 감각도 조금씩 불어넣으려 하고 있어.

작업할 때 영감은 주로 어디서 얻을까? (예: 음악, 애니메이션, 일상 경험 등)
내가 즐겨듣는 음악이나 고전 회화, 사진, 캐릭터 간의 서사에서 영감을 받는 편이야. 에테리얼한 곡들에서 느껴지는 신비로운 감성이나 회화작품 (특히 인물화)에서 느껴지는 절제된 분위기를 좋아하고, 사진에 담긴 깨진 유리 파편이나 영롱한 질감 같은 물성에서 아이디어를 얻기도 해.

창작 과정에서 가장 중요하게 생각하는 요소(색감·캐릭터성·스토리텔링 등)는 무엇이야?
캐릭터를 디자인하거나 만들 때, 나는 나 스스로가 내 캐릭터들의 조물주라는 마인드로 그려내려 해.
비록 내가 그려낸 그림들은 2D 화면 속에서만 존재하는 형상일지는 몰라도, 그 프레임 안에 존재하는 캐릭터들은 그 속에서라도 살아있는 인물인 것처럼, 나는 내가 설정해 놓은 각각의 성격이나 성향이 외형적으로 드러나게 표현하고자 하는 경향이 있어.
이를테면 복장, 몸짓, 상징물을 적극적으로 사용하는 편이고, 감상자가 내 그림을 보면서 해당 캐릭터에 대한 상상이나 해석을 유도하는 편이야.

앞으로 비쥬아트라는 이름으로 도전하고 싶은 프로젝트나 목표가 있다면 소개해줘!!
어릴 땐 단순히 그림을 그리고 캐릭터를 만들어내는 일이 정말 좋았는데, 지금은 여기서 그치지 않고 내가 만든 캐릭터 간의 관계와 서사를 이야기로 풀어내고 싶다는 꿈을 품고 있어.
웹툰을 위한 캐릭터와 스토리도 계속해서 상상하고 있고, 언젠가는 비주얼 노벨도 만들어보고 싶다는 생각이 들어.

지하아이돌 용어집

기본 용어

오시(推し): 자신이 가장 좋아하는 멤버를 의미한다. '최애'라는 개념으로, 팬 활동의 중심이 된다.

오시헨(推し変): 오시를 다른 멤버로 변경하는 것을 말한다. 오시를 바꾼다고 해서 팬 커뮤니티에서 죄책감을 느끼는 경우도 있다.

하코오시(箱推し): 특정 멤버가 아닌 그룹 전체를 응원하는 팬을 지칭한다. 멤버 간 편애 없이 그룹을 지지하는 태도를 말한다.

단오시(単推し): 한 명의 멤버만을 응원하는 팬을 의미한다. 다른 멤버에 대한 지지는 상대적으로 적다.

사이오시(最推し): 여러 오시 중에서도 가장 좋아하는 멤버를 말하며, 궁극의 오시라는 뜻이다.

오시카부리(推し被り): 같은 멤버를 오시로 삼는 팬들 사이의 '겹침'을 의미한다.

도루오타(ドルオタ): '아이돌 오타쿠'의 줄임말로, 아이돌을 좋아하는 팬을 총칭한다.

디디(DD): '다레데모 다이스키(誰でも大好き)'의 약어로, 여러 아이돌을 좋아하는 팬을 의미한다.

가치코이(ガチ恋): 아이돌에게 진심으로 연애 감정을 품는 팬을 지칭하며, 지하아이돌 문화에서는 자주 나타난다.

리아코(リアコ): '리얼하게 사랑하고 있다'는 의미로, 아이돌에게 현실 연애 감정을 느끼는 팬을 말한다.

츠나가리(繋がり): 아이돌과 사적으로 연결되는 행위를 의미하며, 일반적으로 업계에서는 금기시된다.

졸업(卒業): 아이돌이 그룹을 떠나는 것을 표현하는 단어로, '탈퇴'보다 긍정적인 뉘앙스를 갖는다.

타계(他界): 팬이 덕질을 그만두거나 관심을 끊는 것을 의미한다.

겐바(現場): 아이돌이 등장하는 현장, 즉 공연이나 이벤트 장소를 의미한다.

무센겐바(無銭現場): 무료로 진행되는 공연이나 이벤트를 말한다.

카메코(カメコ): 아이돌을 카메라로 촬영하는 데 집중하는 팬을 지칭한다.

핀치케(ピンチケ): 신규 팬이나 매너가 좋지 않은 팬을 낮춰 부르는 용어이다.

시오타이오(塩対応): 아이돌이 팬에게 냉담하거나 무성의하게 대응하는 것을 의미한다.

카미타이오(神対応): 아이돌이 팬에게 신처럼 친절하게 대응하는 것을 의미하며, 반대말은 시오타이오이다.

닌치(認知): 아이돌이 특정 팬을 인지하는 것을 의미한다.

닌치츄(認知厨): 아이돌에게 인지받기 위해 과도하게 행동하는 팬을 지칭한다.

데킨(出禁): 문제를 일으켜 공연장 등에 출입 금지를 당한 팬을 의미한다.

공연 및 응원 용어

오히로메(お披露目): 아이돌의 공식적인 첫 공연을 의미한다. 새로운 그룹이나 멤버가 처음 무대에 서는 경우에 사용된다.

타이방(対バン): 여러 아이돌 그룹이 함께 출연하는 공연을 말한다. 팀 간 순서를 정해 공연이 진행된다.

페스(フェス): 페스티벌의 줄임말로, 대규모 공연이나 이벤트를 의미한다.

우치아게(打ち上げ): 공연 후 관계자나 팬들 사이에서 진행되는 뒷풀이를 의미한다.

리리이베(リリイベ): 신곡 발매를 기념하는 이벤트 공연으로, '릴리즈 이벤트'의 줄임말이다.

사츠카(撮可): 공연 중 사진이나 영상 촬영이 가능한 공연을 의미한다.

사이젠(最前): 관객석의 최전열, 즉 맨 앞줄을 지칭하며, 팬들에게 가장 인기 있는 자리이다.

도센(ドセン): 무대의 정중앙을 의미하며, 가장 중심이 되는 관람 위치를 말한다.

카기아케(鍵開け): 이벤트에서 가장 먼저 입장하는 것을 의미한다. 보통 정해진 번호표 순번 기준.

카기시메(鍵閉め): 이벤트에서 가장 마지막에 입장하거나 체키를 찍는 팬을 지칭한다.

펜라이트/킹블레이드: 아이돌 응원용 LED봉을 의미하며, 팬들의 필수 아이템이다.

믹스(MIX): 곡의 간주나 시작 부분에 팬들이 외치는 고정된 추임새를 말한다. 일본 아이돌 문화의 고유 응원 방식이다.

공연 및 응원 용어

코죠(口上): 곡의 간주에 맞춰 팬들이 외치는 응원의 문장 형태 구호이다.

콜(コール): 곡 중간중간 팬들이 외치는 멤버 이름이나 응원 구호를 말한다.

오타게(ヲタ芸): 팬들이 곡에 맞춰 LED봉을 이용해 댄스를 하는 퍼포먼스를 의미한다.

후리코피(フリコピ): 아이돌의 안무를 팬이 그대로 따라 하는 것을 의미한다.

케챠(ケチャ): 곡 중간에 양손을 흔들며 아이돌에게 다가가는 동작으로 응원하는 것을 말한다.

바루로그(バルログ): 양손에 여러 개의 펜라이트를 들고 응원하는 행위를 지칭한다.

마사이(マサイ): 공연 중에 관중석에서 높이 점프하는 팬을 말한다. 공연 매너 위반으로 간주되기도 한다.

특전회 및 굿즈 용어

특전회(特典会): 공연 후에 진행되는 팬과 아이돌의 교류 시간으로, 체키 촬영, 사인, 대화 등이 포함된다.

체키(チェキ): 인스턴트 필름 카메라로 찍는 사진이며, 아이돌과 팬이 함께 찍는 경우가 많다.

투샷체키: 아이돌과 팬이 함께 찍는 체키이다.

핀체키: 아이돌 혼자 찍은 체키이며, 팬은 그걸 구매하게 된다.

란체키: 체키를 랜덤으로 뽑아 판매하는 방식이다. 어떤 멤버가 나올지 모르는 점이 특징이다.

데코체키: 아이돌이 체키에 직접 장식이나 낙서를 한 사진이다.

숙제체키: 그 자리에서 데코하지 않고, 이후 꾸며서 팬에게 건네는 체키이다.

대응(対応): 특전회에서 아이돌이 팬에게 보여주는 반응이나 태도를 말한다.

루프(ループ): 같은 아이돌에게 반복해서 체키를 찍거나 교류를 시도하는 것을 의미한다.

마토메(まとめ): 여러 장의 체키권을 한 번에 사용하는 것을 말한다.

물판(物販): 공연장에서 진행되는 굿즈 판매를 의미한다.

레귤레이션(レギュレーション): 특전회나 공연, 굿즈 구매 등에 대한 규칙을 말한다.

슈엔붓판(終演物販): 공연 종료 후 진행되는 굿즈 판매.

지젠붓판(事前物販): 공연 전 미리 진행되는 굿즈 판매.

팬 문화 및 기타 용어

TO(Top Otaku): 특정 아이돌에게 가장 열성적인 대표 팬을 의미한다.

오마이츠(おまいつ): 항상 현장에 등장하는 팬을 말한다. '단골 팬'의 개념이다.

코산(古参): 오래전부터 팬 활동을 이어온 사람을 지칭한다.

신키(新規): 최근에 팬이 된 사람을 의미한다.

도탄(同担): 같은 멤버를 오시로 삼는 팬을 지칭한다.

도탄쿄히(同担拒否): 같은 오시를 가진 팬을 거부하는 태도이다.

도탄칸게(同担歓迎): 같은 오시 팬도 환영하는 입장을 의미한다.

마운토(マウント): 팬들 사이에서 우월함을 내세우는 언행을 말한다.

시신(私信): 아이돌이 특정 팬에게 보내는 듯한 개인적인 메시지를 의미한다.

사이젠칸리(最前管理): 최전열을 차지하기 위해 줄을 세우거나 자리를 통제하는 행위를 말한다.

스타다스토: 펜라이트가 날아가거나 분실되는 상황을 의미한다.

멘브레(メンブレ): 정신적으로 무너지는 상태를 표현하는 은어이다.

하피즈 반가워!! 소개 한번 해줄래?
하피즈는 개조인간 컨셉으로 활동하고 있는 3인조 라이브 아이돌이야! 주로 각코이, 전파 장르의 곡을 하고있으며 다양한 오리지널 악곡을 발표하며 음악적 저변을 확대할 예정이야!

하피즈 공연을 보러오기전에 꼭 외우고 왔으면 하는 믹스콜 하나만 추천해줘!
묘혼투스케!!! 믹스가 발동되는 주문이야.
묘혼투스케! 캇센토비죠코! 쟈쟈! 화이보! 와이파~! 자주 쓰이니까 큰 도움이 될거야! 믹스콜 외우고 오면 공연을 더 즐길 수 있어!

인사해줄래?
안녕하세용 하피즈 흰색 담당 유메 라고해! 개조인간 4호를 맡고 있어!

유메가 라이브아이돌을 하게 된 계기는?
이전에 라이브아이돌 활동을 한적이 있는데 2년정도 공백기를 가지고 있다가, 하치의 권유로 고민 하지 않고 하피즈에 합류하게 되었어!

도전해보고 싶은 다른 장르가 있어? 그 장르 중에서도 가장 해보고 싶은 곡도 알려줘!
마츠리 전파 폰폰폰슈 or 絶望セカイ(マーキュロ) 같은 노래도 하고 싶어! 장르는 가리는게 없어서 솔직히 다 좋아. 노래만 좋음 다 조아~

처음 만난 팬과 어색함을 깨는 체키 첫 멘트?
그때 제가 하고 있는 착장, 의상 등 포인트들을 자랑하는 거 같아! 오늘 의상은 어떻고 이런 포인트가 있는데 어때? 하고 말이지!

요즘 최애 카페 메뉴/간식은?
메가커피 할메가커피 많이 마셔! 뭔가 알 수 없는 끌림이 있는 음료야! 가성비도 좋구!

무대 중 작은 실수가 났을 때 쓰는 유메식 리커버리 스킬은?
그냥 웃지요... 그리고 멤버들이랑 의도치 않게 눈이 자주 마주쳐서 더 웃게 되는거 같아. 한번 터진 웃음은 참을수가 없어서 힘들때도 있어

올해가 이제 얼마 안남았는데, 꼭 이루고 싶은 목표가 있다면?
오프회!!! 꼭 하고 싶어!! 대표님?! 오프회!!! 아셨죠?

유메를 보러와주는 팬들에게 한마디 해줘!
유메를 항상 조아해주고 보러와조서 너무 고마어요 나도 여러분들이 너무 조아...// 앞으로도 유메랑 같이 즐기고 웃고 울고 해조요

인사해줄래?
안녕하세요! 하피즈의 보라색 담당 개조인간 15호 이고 라고 해!!! 반가워워어어어어!

〈SFS〉에서 작사 참여했는데 대단해! 어떤 의미를 담아서 작사를 했어?
뭔가 ... 위기의 순간 필요한 누군가가 도움 요청을 한다면 ... 의 상황을 전제로 쪼금쪼금 아이디어를 낸 것 같아!!! 으아아악! 그랬던거 같아!

라이브에 올라가기전에 텐션을 올리기 위해 하는 행동은?
냅다 방방뛰어보기 .....? 방방 뛰다보면 심장도 빨리 뛰고 호흡도 올라오면서 텐션도 같이 올라 와!

2GO

무대 후 회복 루틴(물/비타민/스트레칭) 중 꼭 지키는 게 있어?
회복은 아니지만 매운 음식으로 체력을 보충하기 ㅎㅎ
매운거 먹으면 그 막 도파민이 확 돌면서 체력이 충전되는거 같아!

본인이 꼽는 겐바 유튜브 영상이 있다면 추천 해줘!
8.11 8.17 날짜의 라이브영상을 추천드립니다! 플로어 반응도 너무 재밌었고, 특히 17일은 사이버네틱스 오리복을 입었는데 색다르고 재밌었어!

이고의 굿즈를 만든다면 어떤 굿즈를 가장 만들고 싶어?
단순화된 캐릭터 인형!! 복잡하고 그런 거 말고 정말 완전 단순해서 조금 바보 같을라나? 하지만 그래도 엄청 귀여울 거 같아!!!

도전해보고 싶은 다른 장르가 있어? 그 장르 중에서도 가장 해보고 싶은 곡도 알려줘!
악곡 .. 고딕 .. 각코이 .... 라우드 ...... 뭔가 하드한 장르도 도전 해보구 싶어!!
マザリ - お慕い申し上げます。/ ジエメイ - ニーチェ <← 를 요새 자주 듣고있습니당 허허

팬들이 모르는 이고의 매력 포인트 하나만 공개해줘!
생각보다 만만한사람이구요... 무서운거 조아합니다 티엠아이 나누는거도 좋구여.. 애니도 조아하구여.. 너무 많네 나머지는 만나서 얘기해 드릴게요 . . . ㅎㅎ (대충 특전회 오라는 얘기)

하피즈와 함께 이루고 싶은 목표가 있다면?
나 하피즈 좋아한다고 했을때 부끄럽지 않을 팀으로 남았으면 좋겠어!!
열시미 해서 그대들의 자부심이 되어 줄게!

인사해줄래?
안녕하세요. 하피즈에서 빨강색을 담당하고있는 하피즈의 리더!! 개조인간 6호 하치라고 해!!! 하치냥이라고 불러줘~

하치가 생각하는 라이브 아이돌의 매력은 뭐야?
자주, 그리고 가까이에서 마주할 수 있는 점이라고 생각해! 또한 팬들도 공연을 감상하는 것만이 아니라 함께 믹스콜과 후리코피 등으로 즐기며 공연을 만들어 가는 모습이 정말 멋지다고 느꼈어!!

라이브 도중 팬들과 눈이 마주치면 하는 표정이나 행동이 있어?
손가락으로 콕 찍어 내가 지금 본 사람 너 맞아! 를 알리거나 웃는 것 같아!!

하치만의 매력을 뽐내기 위해 사용하는 아이템이 있다면?
춤출때 머리카락이 함께 움직이는 것이 좋아서 하프 트윈테일이나 반묶음 등을 자주 하는 것 같아!

텐션을 끌어올리기 위해 듣는 곡이 있다면? 하치의 최애 플리 공유 해줘!
이니셜디의 유로비트!!! 비트와 함께 심장이 요동쳐~~~!! 텐션도 끌어올려~~!

라이브아이돌이 되지 않았다면 어떤걸 하고 있을까?
상상할 수 없어!!! 지금이 무지 행복하고 좋아!! 그래서 다른 생각은 하지 않아!

멤버들과의 캐미가 좋다고 들었어! 어떤 점이 가장 좋은거 같아?
서로 장난치며 웃으면서도 전부 배려할 줄 아는 친구들이라 웃어 넘길 수 있는 정도의 말들만 주고받는 부분과 오래 함께하며 서로의 성향을 알고 믿어 주는 부분이 좋은 것 같아!

라이브아이돌을 하면서 이루고 싶은 목표가 있다면?
일본 원정!!! 라이브 아이돌의 꿈을 꾸게 해 준 본토에 직접 서서 무대를 경험해 보고 싶어! 이쿠조!!!

오늘 인터뷰를 읽을 독자·초심 팬에게 초대장을 남겨줘!
후회하지 않을 무대를 만들어보겠어! 한번도 안온 사람은 있어도 한번만 보러 온 사람은 없다구하니까! ^^ (진짜루!)

팻두의 인터뷰텔링

INTERVIEW
리엔

리엔님 안녕!! 하는 일과 자기 소개 부탁해!!! 코스프레를 시작한지 얼마나 됐어?
안녕! 나는 코스플레이어 리엔이라고 해 코스프레를 시작한 지는... 이제 코스프레를 안 하던 시간 보다 하던 시간이 길다! 최소 10년 이상이라고 해두겠어!

항상 하는 질문이지만 가장 좋아하는 애니 5개! 그리고 캐릭터 알려줘!
좋아하는 애니는... 슈타인즈 게이트, 에반게리온, 페이트 스테이 나이트, 하이큐, 체인소맨! 캐릭터는 애니메이션에서 골라야 되는거야? 아스카, 토오사카 린, 마키마, 히나타 좋아해!

오 나도 최애가 에반게리온이야!! ㅎㅎ 코스프레를 준비하면서 가장 즐거운 시간이 언제야?
사실 코스프레 준비는 힘듦의 연속이라 나는 가끔 '대체 코스프레는 언제가 제일 재밌는거야?!' 하고 되묻곤 해. 아마 '이 코스프레를 이런 식으로 연출하면 정말 멋지겠다!' 하고 돌아보는 순간이 제일 재밌는 것 같아! 그 이상으로 재밌는 순간은, 내가 원하던 연출대로 결과물이 너무 잘 나오고, 사람들도 좋아해 줄 때!

리퀘박스 팬 요청 중 제일 의외였던 캐릭터는 뭐야?
무기미도 조야? ㅋㅋㅋ 내가 소화하기 힘든 강한 캐릭터라 조금 당황했던 것 같아. 근데 옷은 있으니까 언젠간 해야 하는데...

Llymlaen 코스프레 했을 때 가장 어려웠던 포즈나 연출은?

의상이 정말 타이트하고 소품이나 갑주도 몸에 딱 붙어서 몸을 움직이기가 어려웠어..! 그리고 머리 위에 커다란 미라지를 붙여서 그 종이를 터치하면서 물 속에 있는 듯한 연출을 해야 했는데, 빛과 각도에 맞춰서 가장 좋은 컷을 만들어야 했거든. 나는 내 모습을 보기가 힘드니까 사진사분의 디렉팅에 맞춰서 연출하면서 내가 원하는 느낌도 표현하기가 힘들었어.

맞아. 코스어들 진짜 대단한 거 같아... 점점 사람들이 코스프레에 대한 관심도 많아지고 퀄도 너무 좋아졌잖아. 혹시 초창기에 코스프레 할 때 힘들었던 부분이 있었어? 지금은 무기나 의상이 많이 나오지만 예전에는 없었을 거 같은데 어떻게 준비했어?

예전에는 지금처럼 옷과 소품을 구하기가 힘들었지! 직접 제작하기도 하고, 주문제작을 맡기기도 하고, 중고로 구매하기도 했어. 사실 의상을 구하는 건 방법이 없는 건 아니었는데, 지금 생각하자면 내가 원하는 스타일을 만들 수 있을지 파악할 만큼 충분한 레퍼런스나 코스프레 자료가 없어서 그게 제일 힘들었던 것 같아. 의상 리폼을 할 때도 자료가 부족했으니까. 특히 가발은 정말 대충 만들어 썼던 것 같아서 아쉬워 ㅎㅎ

코스프레를 하면서 스스로 치유되는 느낌이 들 거 같아 (팻두의 생각) 그 캐릭터 안에 스며들어 이세계에서 살아가는 느낌? 실제로 그런 느낌을 받은 적이 있어?

맞아~! 그런 느낌 많이 들지! 실제로 코스프레를 준비하는 건 정말로 힘든데, 코스프레를 하고 돌아다니거나 촬영하다보면 에너지가 차는 느낌이 들어! 가장 비슷한 모습을 표현하기 위해 같은 컷을 여러 번 찍을때도 그런 느낌이 들고, 행사장에서 내가 한 캐릭터를 알아보고 좋아해주는 사람들과 대화할 때도 정말 치유가 돼!

평생 하나의 캐릭터만 코스할 수 있으면 (다른 거 절대 안댐) 어떤 캐릭터의 코스를 할 거야?

아... 정말 어렵네... 아마 여러가지를 연출할 수 있는 캐릭터가 좋을 것 같은데? 에반게리온의 아스카! 에반게리온은 오래된 애니메이션이면서 자료가 아주 많아서 할 수 있는 연출이 정말 많고, 지금도 계속 콜라보레이션 등으로 새로운 스타일이 나오고 있어서 정말 좋네!

오 아스카.. 리엔님이 아스카 코스한 거 보고 소리 질렀음...!!! 올해의 행사나 앞으로의 계획 알려줘! 목표도!
올해는 10월에 태국 행사가 예정되어 있고, 국내 행사도 많이 많이 참가할 거야! 목표는... 새로운 SNS에서 더 많은 사람들에게 다가가기! 그리고 남은 하반기에는 영상 창작물을 많이 만들어보려고 해.

마지막으로 애니띵 독자들한테 한 마디!
애니띵 매거진의 미래와 더불어 코스어 리엔에게도 많은 관심 부탁해! 소통은 언제나 환영이야~!

우아 너무 고마워! 많은 사람들이 더 많은 코스를 하면서 행복한 이 세계에서 살았으면 좋겠어! 앞으로도 기대 많이 할게!
- 팻두 -

리엔 인스타그램

팻두의 인터뷰텔링

156

INTERVIEW
토비

토비 작가님 안녕!! 자기 소개 부탁해!
안녕 나는 장난꾸러기 곰 토비를 그리는 성성지라고 해. 근데 다들 토비라고 부르니까 그냥 나 스스로 토비라고 소개하고 있어.

캐릭터들 탄생 비화나 스토리텔링 너무 궁금해!! 자세히 알려줘
토비는 곰 캐릭터인데, 왜 곰을 그렸는지는 나도 잘 모르겠어. 그냥 내가 생각보다 곰을 좋아하나보다~하고 추측만 하고 있어. '토비'라는 이름은 뜬금없지만 친구랑 대화하던 내용에서 따왔어. 캐릭터를 만들고 이름을 생각하다가, 이전 대화 내용을 떠올리면서 그냥 단순하게 '토요일에 비온대~'라는 문장을 줄인 말로 정했어. 서브캐릭터인 짜모는 날지 못하는 새라는 설정인데, 그날 먹은 모짜렐라 치즈버거에서 따온 이름을 붙여줬어. 결과적으로 이름과 설정, 생김새는 서로 아무 연관이 없어.

아니 토요일에 비온대라니 너무 귀여운 거 아니야?? ㅎㅎ 내가 일러스트 코리아에서 토비 작가님 작품을 보고 처음 느낀 게 '우아 이 사람 진짜 그림 잘 그린다' 였어! 기본기가 탄탄한 느낌! 어떻게 그림을 시작하게 됐어? 언제부터?
사실 나는 입시 이전엔 그림에 크게 관심이 없었어. 부끄럽지만 입시 미술을 시작하게 된 것도 대학에 보내기 위해 뭐라도 시켜보려는 부모님 손에 이끌려서였고… 다행히 여러 상황이 잘 맞물린 덕에 대학 입학은 했지만, 입시생으로써의 하나의 목표를 달성하고 나니 오히려 방황하게 되더라. 크게 하고 싶은 게 없다보니 학부생 내내 내가 뭘 해야하는지, 뭘 하고 싶은지도 모르고 살다가 겨울왕국2의 개봉소식을 들었어. 그 영화에 너무 푹 빠진 나머지 영화관을 스무 번 넘게 갔었어. 관련 콘텐츠까지 찾아보다가 영화 제작 비하인드 다큐를 보게 됐는데, 영화를 만들어가는 창작자들의 분투가 너무 멋있고 재미어 보이더라. 그래서 아이디어 스케치 과정을 유심히 관찰하게 되고, 손으로 그린 디즈니 특유의 그림체를 좋아하게 되면서 그 영향을 많이 받았어. 아 그리고 어렸을 때 하루종일 틀어놓고 보던 <톰과 제리> 시리즈의 영향도 알게 모르게 많이 받은 것 같아. 거기다 카툰 네트워크 채널에서 <벤10>, <이웃집 아이들>, <겁쟁이 강아지 커리지> 등등 재밌는 만화를 정말 많이 봤었지.

아 맞아! 이런 미국식 그림체? 너무 좋아! 내가 컵헤드를 진짜 좋아하거든! 그런 느낌도 있고 완전 취저! 좋아하는 작가나 작품에 대해 이야기 해줘!
컵헤드 나도 정말 좋아해. 컵헤드라는 게임을 플레이하는 걸 좋아한다기보단, 게임 내에서 보이는 작화들과 게임 외 콘텐츠로 나온 코믹스나 애니메이션을 더 좋아하는 편이야. 앞서 얘기했다시피 디즈니 작화도 당연히 좋아하고, 스폰지밥 코믹스도 직접 책을 사서 모을 정도로 좋아해. 토비를 만들 때 가장 영향을 많이 받은 건 해나 바베라 프로덕션인데, 이곳에서 내는 특유의 빈티지하고 자유분방한 느낌이 내가 추구하는 방향이기도 해.

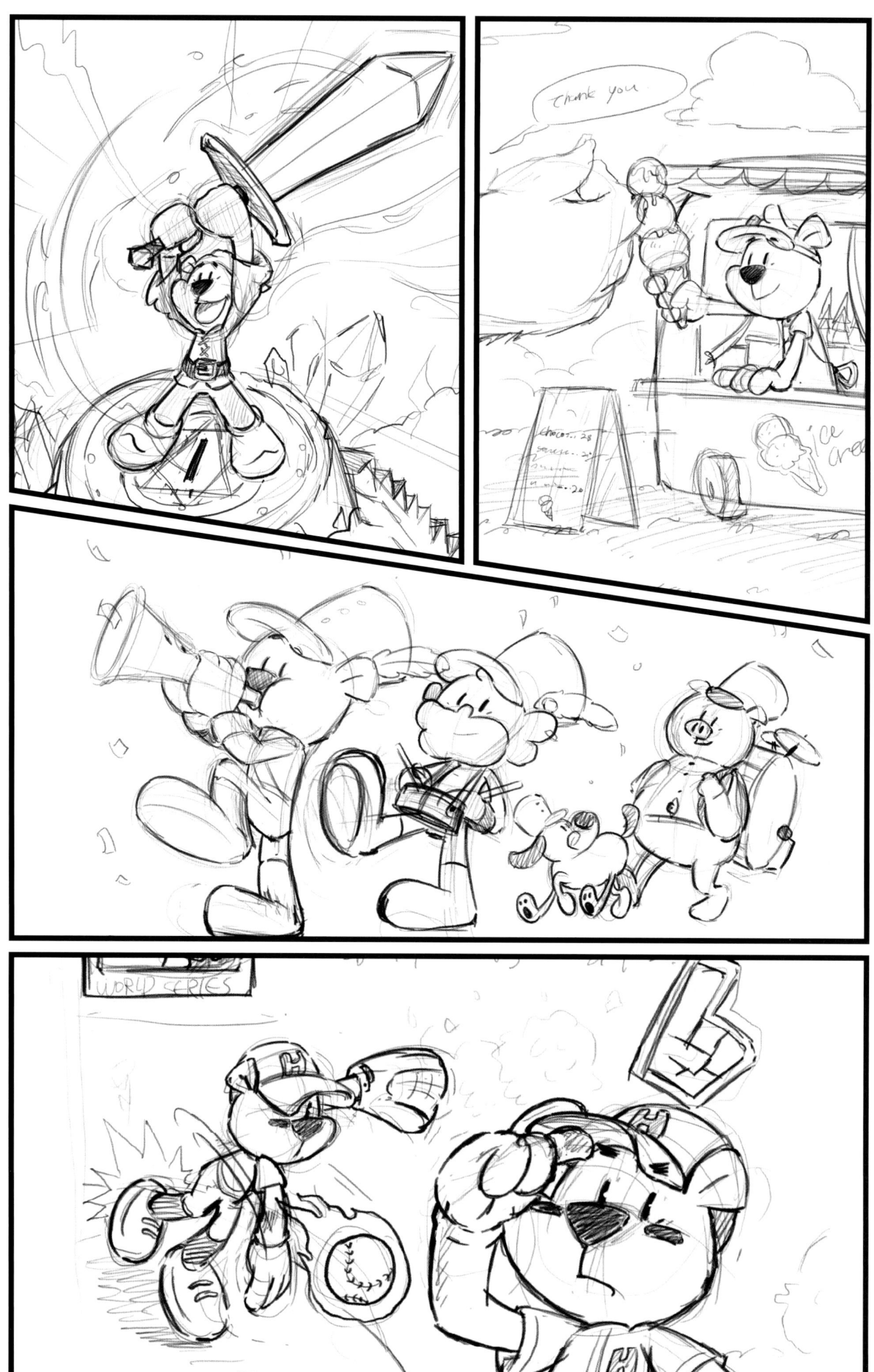

TOBI's Happy Meal

그림을 그릴 때 가장 중요하게 생각하는 포인트가 뭐야? 전달하고 싶은 메세지

그림을 잘그리는 사람이 이 세상에 너무 많아서, 나 스스로도 냉정하게 작화 하나만으로 승부를 볼 실력은 안된다고 생각했어. 그래서 좀 더 그림 속의 상황에 집중하는 편이야. '익살스러움'이라는 키워드를 놓치지 않으려고 많이 신경 쓰긴 해. 캐릭터들의 행동과 생각이 많이 과장되고, 그러면서 황당한 상황이 연출되는 모습을 한 화면 안에 담고 싶어. 그러다보면 과장된 캐릭터들의 동세 같은 것들에 특히 신경을 써야 할 수 밖에 없는데, 아무래도 내가 애니메이션이나 만화 전공이 아니다보니 그런 부분은 많이 찾아보고 공부하고 있어.

너무 귀여운 굿즈들을 판매하는 걸 봤는데 앞으로 더 넓히고 싶은 분야가 있어? 원화 작업이나 아트토이나 애니메이션이나?

굿즈는 아무래도 이전엔 항상 지류를 위주로 하다보니, 이젠 좀 입체감있는 굿즈를 제작하고 싶긴 해. 가방에 걸고 다닐 수 있는 인형키링이나, 책상 컴퓨터 앞에 전시해 둘 수 있는 피규어 같은 종류에 관심이 있어. 다음 페어가 있다면 인형류는 한 번 제작해 볼 생각이 있어. 애니메이션은 캐릭터를 그리는 사람이라면 누구나 한 번 쯤 꿈꿨을만한 내용이지만 워낙 품이 많이 드는 작업이라 쉽사리 시도하기 쉽지 않은 것 같아. 그래도 여유가 된다면 아주 아주 짧은 애니메이션 정도를 만들어보고 싶어.

그림을 그릴 때 가장 힘들거나 지칠 때가 있어? 가장 고민하는 부분이나!

그림을 그릴 때 가장 고민하는 부분은 아무래도 아주 현실적인 부분이 가장 크겠지? 이 그림이 내 생계를 유지할 수 있는 수단이 되느냐의 문제는 그림을 그리는 동안은 해결되기 어려운 과제인 것 같아. 그림으로 인한 수익을 크게 기대하면 안되고, 자아를 실현하는 수단 정도로만 만족한달까..? 좋아하는 일로 먹고 살면 좋겠지만, 그건 꽤 어려운 일이니까 돈을 버는 일은 따로 하면서, 이 작업에 너무 함몰되지 않고 어느 정도 현실과 타협하면서 즐기는 정도로 그리고 있어. 그러다 좋은 기회가 생기면 엄청 좋은 거고, 아니면 아닌 대로 그냥 내 그림 그리는 사람 되는 거고... 이 인터뷰에 응할 수 있게 된 건 되게 좋은 상황인 것 같아.

나도 너무 고마워. 인터뷰에 응해줘서! 좋은 작품을 그리는 좋은 작가와 이야기 하면 진짜 뿌듯해! 전시 기획이나 예정된 페어 있으면 알려줘!

아직 직장에서 제대로 자리잡은 상황은 아니라 당분간은 페어 계획이 없어. 내가 조금 더 안정되고, 여유가 생기면 꼭 일러스트 페어에 참가하고 싶어.

그림으로써 닿고 싶은 목적지가 어디야? 어떤 목표를 가지고 있어?

이 질문 오래 생각해봤는데, 아무리 생각해도 목적지가 안떠올라서 그대로 그렇게 대답하기로 했어. 목적지는 없고 그냥 중간에 가다가 끊기지만 않았으면 좋겠는 게 내 바람이야. 나는 가늘고 길게 갔으면 좋겠어. 와 쟤 아직도 저걸 그리네;;하는 말 속의 '쟤'가 되는 게 소소한 목표야.

응 나도 그렇게 20년 넘게 음악했거든! 좋아해주는 사람들이 많아질수록 더 많은 이야기가 생기더라구. 사실 나도 저 질문에 대답 못해 (ㅎㅎㅎ) 마지막으로 애니띵 독자들과 미술을 하는 사람들에게 한 마디!!

내가 어디가서 인터뷰를 해 볼 기회가 잘 없을 텐데, 페어에서 만난 인연으로 이렇게 인터뷰하게 된 것에 감사하고 있어. 깊게 생각하지 않았던 부분들에 대해서 다시 생각해 볼 수도 있었고, 나 스스로 몰랐던 부분도 찾아가는 것 같아서 좋은 경험이었어. 미술하는 사람들 다들 힘내. 내가 대단한 위치에 있는 사람은 아니라서 감히 조언해 줄 수 있는 부분은 없고, 응원 정도는 나누고 싶어. 다들 화이팅~

내가 그 넓은 페어를 돌아다니다가 받은 몇 안되는 명함, 그리고 그 안에서 가장 마음에 들었던 토비 작가님에게 인터뷰 요청을 드렸다는 건 적어도 나같은 사람의 마음을 크게 흔들었다는 거잖아. 난 토비의 새로운 이야기들을 계속 보고 싶어. 항상 응원할게!!!! 천천히여도 되니까 오래 걸어가줘 토비짱 - 팻두 -

아트토이작가

INTERVIEW **슬링키**

슬링키 작가님~ 자기 소개 부탁해!
안녕, 나는 역사나 문화 속에 존재하는 상상 속 산물들을 탐구해서 완전히 재해석하거나, 희노애락만으로는 다 표현되지 않는 보이지 않는 감정들을 그리는 작가 슬링키라고 해!

작품을 처음 봤을 때 '이게 무슨 의미지?' 싶은 느낌이 들었어. 캐릭터들의 표정도 이상하고 몸도 꼬여 있는데, 그게 어떤 의미를 담고 있는 거야?
표정이나 몸이 비틀어져 있는 건 각각 다른 의미를 갖고 있어. 근데 공통점이 있다면, 다 말로 표현하기 어려운 감정들이야. 복잡하고 미묘한 감정들을 캐릭터를 통해 더 솔직하게 보여주고 싶어서 계속 연구하고 실험해보고 있어.

오호 그렇구나! 작품에 메시지가 담겨 있는 게 좋아. 뭔가 우리의 일상이 스며든 느낌이랄까? 그 중에서도 작가님이 가장 좋아하는 작품은 뭐야?
공개된 것 중에서는 아무래도 월리가 제일 좋아. 근데 진짜 제일 좋아하는 건 아직 공개하지 않은 반 고흐의 자화상을 그린 작품이야. 전체 통틀어서 그 그림이 제일 마음에 들어.

역시!! '월리를 찾아라'에서 영감을 받은 그 월리 작품이 너무 매력적이었는데 반 고흐의 자화상도 있구나! 우아 기대된다!! 요즘은 또 다른 스타일을 그리던데 다시 월리를 그릴 의향도 있어?
처음 전시 주제도 월리였거든. 그때는 손으로 뭔가 하는 모든 게 지겨워지고 환멸이 들어서 다 그만두고 싶을 정도였어. 근데 어릴 땐 월리를 진짜 잘 찾아냈는데, 커서 보니까 나는 정작 '나'를 못 찾겠더라고. 그래서 '나를 찾고 싶다'는 마음을 월리에 투영해서 그렸어. 지금은 다행히 완전히 회복됐고, 힘들지도 않아.
그래서 만약 월리를 다시 그리게 된다면, 방향을 잃었을 때 다시 나를 찾는 느낌으로 그릴 것 같아.

우아 스스로 그리는 작품으로 위안을 얻는다니 너무 좋다. 아트토이도 하잖아! 앉아 있는 아트토이(?) 너무 인상 깊었어! 실제로 보니까 더 매력적이더라. 그 친구는 앉아서 무슨 생각을 하는 거야?
아트토이는 그림을 그리다가 조형도 함께 있으면 좋겠다는 생각에서 만들기 시작했어. 그냥 단순한 아트토이라기보다는 로댕의 조각상을 많이 참고 했거든. 앉아있는 소년은 로댕의 '생각하는 사람'을 오마주한 건데, 반대로 '생각을 멈춘 상태', 그러니까 아무 생각도 안 하고 있는 상태를 표현한 거야. 로댕의 시대엔 끊임없이 생각해야 했다면, 지금은 잠깐 멍하게 쉬는 것도 필요하다는 메시지를 담고 싶었어.

역시 좋은 메시지다! 미술 하면서 가장 힘들었던 순간은 언제였어? 지쳤을 땐 어떻게 버텨?
제일 힘든 건 역시 수입이지. 작품을 할 때마다 '이제 돈이 다 떨어지면 어떡하지?'라는 불안이 항상 따라오거든. 그럴 땐 전시 보러 가거나, 내가 10년째 하고 있는 직장인 밴드에서 드럼 치면서 불안을 좀 떨쳐내는 편이야.

맞아. 나도 마찬가지임. 역시 먹고 살 길.. 슬링키 작가님은 관객들이 작품을 볼 때 어디에 가장 집중해서 봐줬으면 좋겠어?
작품 볼 땐 먼저 캐릭터 얼굴을 봐줬으면 좋겠어. 그리고 손 모양이나 몸의 틀어짐을 보고 마지막으로 전체를 보는 순서로 말이야. 이목구비의 흐름이랑 상태를 느끼고, 손이나 몸의 움직임을 통해서 그 감정이 어떤 건지 상상해보는 재미가 있거든.

딱 10년 뒤엔 어떤 작가가 되어 있을 것 같아?
10년 뒤에는 많은 사람들에게 사랑받는 작가가 되어 있을 거야. 난 항상 그림으로 어떤 의미 있는 일을 할 수 있을지 고민하거든. 지금도 그림 외적으로는 소아암 재단에 10년째 기부하고 있어. 나중엔 더 유명해져서, 내 그림으로 얻은 것들로 더 많은 좋은 일을 해보고 싶어.

올해 계획이나 전시 일정 알려줘!
8월 7일부터 10일까지는 '어반브레이크'에서 전시하고, 9월부터는 K-현대미술관에서 하는 '괴짜전'에 내년 2월까지 참여해. 11월이랑 12월에도 전시가 잡혀 있고, 올해는 특히 큰 전시 두 곳에 집중하면서 나를 많이 알리려고 하고 있어. 이걸 계기로 더 좋은 일들이 생기면 좋겠어!

애니띵 독자들과 미술을 하는 사람들에게 한 마디 해줘!
어떤 것에 푹 빠진다는 건, 결국 내가 진짜 좋아하는 게 뭔지 알아가는 과정이라고 생각해. 사실 그런 걸 못 찾는 사람들도 많잖아. 근데 좋아하는 걸 꾸준히 하다 보면 어느새 그게 꿈꾸던 삶이 돼 있을지도 몰라. 그러니까 누가 뭐라고 해도 그냥 재밌게 즐기면서 행복하게 좋아하는 것 맘껏하면서 보내면 좋겠어!

마지막 진짜 좋은 말. 맞아. 나를 알고 행복을 찾아가는 여정. 그 시간들을 위해 우리는 열심히 달리는 거 같아. 화이팅. 같이 잘 될 거야 우리 모두!! - 팻두 -

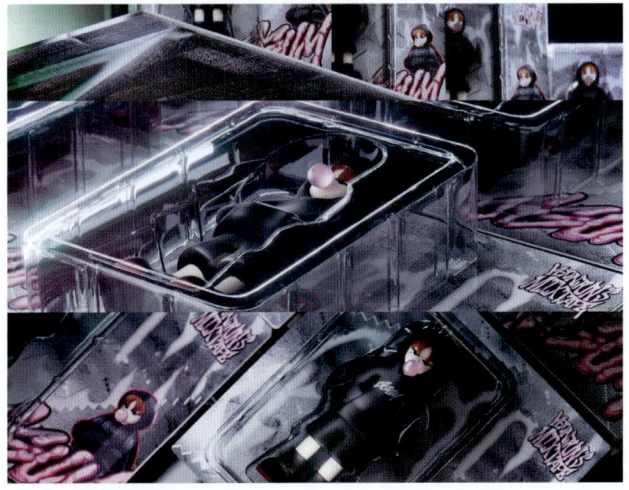

팻두의 인터뷰텔링

밤양갱

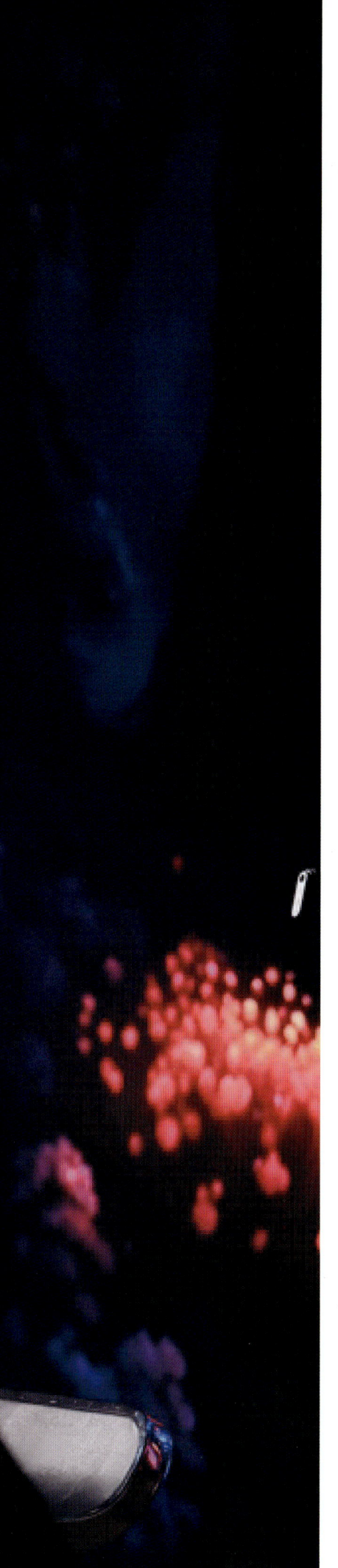

양갱이다!! 자기 소개 부탁해!! 어떤 일을 하는지 어떤 사람인지!

안녕!! 나는 양갱이라고 하고 20년 정도 판소리를 전공으로 하고있어 국악 오타쿠라고 할 수 있지 ㅋㅋ 현재는 유튜브와 숲(soop) 플랫폼에서 생방송과 다양한 컨텐츠를 진행하고 있지!!

맞아!! 양갱이 미쳤어 한예종 나옴. 노래를 시작하게 된 계기가 있어? 내가 음악을 해서 그런지 그런 게 너무 궁금해! 예술에 빠져들게 된 이유!

나는 9~10살때 처음 판소리를 접하게 됐어! 그 당시 '대장금' 드라마가 완전 히트를 치고 있었는데 초등학생 꼬마관종이었던 나는 한 무대에서 '오나라'를 센터에서 부르는 내 또래의 오빠를 보게 돼!
'우와! 판소리를 하면 많은 사람들 앞에서 박수 받을 수 있잖아!' 라고 생각해버린 나는 집으로 돌아오자마자 엄마한테 무턱대고 판소리를 하겠다고 땡깡을 피웠어 ㅋㅋㅋ
처음엔 말야, 난 판소리가 너무 싫었어 분명히 내가 하겠다고 해 놓고선 무슨 말인가 싶지? 맞아, 내가 하겠다고 했어 근데 말이야 나를 가르치시던 첫 선생님께선 날 일주일 정도 가르치시고는 우리 엄마한테 "어머니, 양갱이는 음치에다 박치에요 전공으로는 무리입니다." 라고 말씀하셨는데. 나도 TV에 나오는 국악신동 처럼 판소리를 자다가 벌떡 일어나서 부를 정도로 사랑하진 않았지 근데 어떡하겠어? 배운지 고작 일주일이지만 특별한 초능력을 가진 마법소녀인 마냥 학교 여기저기에 '나 판소리 배운다!' 떠들어 대고 다닌걸,,, 꼬마 관종 자존심상 절대! 그만둘 수 없었지 뭐,,,,
이건 어디에도 풀어놓지 않은 비밀 얘긴데 내가 판소리의 매력에 완전 빠져버린 계기가 있어. 고등학교 2학년때 예고를 다녔던 나는 95키로그램에 여드름 투성이, 자존심이 저 밑바닥을 뚫고 들어가는 통통하다고는 절대 말 못하는 뚱뚱한 그런 소녀였어, 날 가르치던 학교 전공선생님은 "너가 살이 쪄서 노래 할 때 숨소리가 헉헉 거리는거야." 라고 말씀할 정도였다니까 (그 선생님 근데 원래 말씀이 좀 많이 상처 받게 말하는 스타일이긴 하셔) 나름 왕따 아닌 왕따도 당해보고 질풍노도의 시기를 제대로 겪고 있던 난 대회를 하나 나가게 됐어. 당연히 판소리 대회였고 대학 진학 자기소개서에 한 줄이라도 더 쓰기 위해서 나간거였어. 그 당시에도 판소리를 사랑하진 않았지만 나에게 남은거라곤 판소리밖에 없다는 생각에 간절히 매달렸고 죽을만큼 떨렸지만 무대에 올랐거든? 근데 있잖아? 평소의 무대였다면 '아, 끝났다' 라는 홀가분하던 생각밖에 없었을 테지만, 이번엔 좀 달랐어 대회임에도 불구하고 너무너무 재밌는거야! 가슴이 벅차고, 노래에 나오는 등장인물 하나 하나에 대입해서 연기하고, 두 눈에는 자신감이 가득찼지! 그 날 나는 느꼈던거야 무대라는 장소의 짜릿함과 판소리란 예술의 진정한 매력을!

아니.. 나 양갱이랑 엄청 친하다 생각했는데 이런 사연을 몰랐어. 눈물 날 거 같아. 우리 더 친해짐요 (아니 독자들 전부 양갱이랑 친해짐) 지금 하는 방송에서도 노래하고 앨범도 내고 너무 좋은 것 같아! 또 앨범 계획이 있어? 하고 싶은 음악이나?

나는 일년에 한번씩 꼭 곡을 내자! 라는 계획이 있어 언젠간 12곡의 노래를 모아 정규 1집 앨범을 만드는 게 큰 목표이긴 해! 현재 3곡도 냈으니... 앞으로 9곡 정도 남았네! 힘내볼게! 나는 재즈를 진짜 좋아해 한국의 시나위랑 비슷한 부분이 많다고 생각하거든! 각각의 선율이 서로 얽히고 얽혀서 하나의 음악을 만들어내고 그 사이에서 선율끼리 싸우기도, 화해하기도, 어울리기도 하는 그 위에 보컬로써 선율을 얹는게 참 두 장르 다 매력적이야. 난 재즈 음악에 국악인 가사를 얹는 그런 작업을 도전해보고 싶어! 혹시 같이 해보고 싶으면 연락줘~!

좋아!! 모두 양갱이한테 연락하세요!! (?) 근데 메타몽 좋아하기로 유명하던데!! 메타몽은 어쩌다가 좋아하게 된 거야? 포켓몬을 좋아해? 아님 메타몽만?

나는 사실 포켓몬은 잘 몰라.. 유서깊은 애니메이션이지만 최근에서야 애니를 보기 시작해서 아직 막 빠져있지는 않은 상태거든ㅠㅠ 메타몽은 우연히 길을 걷다가 키링으로 발견한 친구야! 그냥 보라색에 몽글몽글 귀여워서 하나 둘 모으기 시작한게 팬 분들도 선물해 주시고 해서 꽤나 많이 모았지 뭐야. 메타몽은 하색이지만 다른 인물이나 사물에 어울리도록 '노력'하는 포켓몬이라고 생각해. 완벽하진 않지만 메타몽은 항상 노력하지 난 그 모습을 닮고 싶었어 어디에 있든 완벽하진 못하더라도 잘 어우러질 수 있도록 항상 '노력'하는 사람 그게 나였으면 좋겠다고 생각해. 또, 메타몽은 모난 친구가 아니잖아 뽀족뾰족하게 누군가를 찌르지 않고 누군가가 찔러도 몽글몽글 하기 때문에 상처를 많이 받지 않아 나도 그런 사람이 되고 싶어 누군가를 상처받게도, 그렇다고 나를 상처 입히게도 할 수 없는 몽글몽글한 양갱이가 되고 싶달까!!! 그리고 말이야 메타몽은 귀여워!!! 귀여운건 세상을 구해!! 귀엽게 짱이야!!! 뮤츠가 아니면 어때!! 메타몽 사랑해!!!!!!

메타몽 나도 사랑해!!! 양갱이가 메타몽이 된다면 가장 변신하고 싶은 게 뭐야? 인간 생물 사물 다 가능

나는 밤양갱 방송 시청자 중 한명! 가끔 얘네가 나를 왜 보는걸까..? 궁금할 때가 있어..ㅋㅋㅋㅋ 제 3자의 시점에서 나를 한번 바라보고 싶긴 하네!

ㅋㅋㅋㅋ 발상 양갱스럽다. 그러면 메타몽이 돼서 원하는 가수로 변해서 콘서트를 한다면 어떤 가수로 변하고 싶어? 목소리도 똑같이 변함

나는 GD씨.. 어떻게 그렇게 가사를 기깔나게 쓰시는거죠? 그리고 어떻게 하면 무대에서 그렇게 멋지게 표정을 지을 수 있는거죠? 춤도 어쩜 그렇게 기깔나게 추는거죠? 옷은 어쩜 그렇게 기가 막히게 입으시나요? 미감은 또 어쩜 그렇게 좋으시죠? 일단 콘서트 하루 전날 가사쓰는 법이랑 싹 다 카피해서 콘서트 멋드러지게 한 후 양갱으로 돌아와서 내 작업에 참고해야지,,, 군침이 싹도네,,,

츄릅!!! 집에 귀여운 강아지를 키우잖아! 어떤 사연이 있는지 이름이 뭔지 알려줘!

우리 집은 현재 총 세마리(본집에 한마리 자취집 2마리)의 동물친구들과 함께하고 있어! 먼저 첫째 삼식이! 이 친구는 말티푸라는 견종이구 19년에 집근처 강아지 카페에서 데려왔어! 3개월 된 아기 강아지였는데 방송 하기 전부터 함께한 소중한 첫째 왕자님이야 천안으로 내려올 때 엄마 아빠가 "우리 삼식이는 안된다!"라고 강경하게 반대하셔서 함께 내려오지 못한 슬픈 전설이 있-,, 둘째 시루! 삼식이 이후로는 동물 친구는 없다! 라는 나의 다짐과는 다르게 올해 2월 아는 언니가 입양가지 못했다며 8개월가량 된 강아지 두마리사진을 보내줬는데 그 중 한마리가 바로 시루였어 원래는 제로였는데 원래 뽀글이 친구들을 좋아하는 나인지라 '아하 저런 친구가 있구나!'하고 말았지 그런데 시루 코에 동배 형제가 남겨놓은 상처와 초롱한 두 눈이 자꾸 밝혀서 '흠,,,임보정도야'하고 보러갔지 시루와 처음 대면 한 날 시루가 뽈뽈뽈 오더니 나한태 폭삭 안기더라? ...뭐 그 후론 말 안해도 알겠지? 바로 동물등록하고 시루 엄마가 됐지 모ㅋㅋㅋㅋ

마지막 약밥이! 하... 얘는 아직 임보야! 이제 막 4주된 아기 고양이이고 시루 간식사러 갔다가 간택당했어,,! 카오스 공주님이구 첨에 시루가 싫어하거나 장난감이라고 인식해서 너무 세게 물거나 하면 하루 빨리 입양을 보내려고 했는데 이게 왠걸? 시루가 약밥이를 키우더라고? 처음엔 정도 안주려고 애기야~ 라고 하다가 이제는 약밥이야! 약밥 닮았거든ㅋㅋㅋ

약밥 나 진짜 좋아해!!! 고양이 말고 먹는 약밥. 고양이 약밥도 좋아해!!! 그건 그렇고 방송— 음악— 메타몽— 반려견— 약밥— 너무 행복한 키워드들이다! 근래에 가장 행복했던 일 하나만 말해줘! 기분 좋았던 일!

나는 최근에 유산소를 열심히 타구 집에 돌아와서 찬물로 샤워를 한 후에 에어컨을 시원하게 틀어놓고 한쪽에 약밥이 한쪽엔 시루를 끼고 테이블엔 갓 구운 스콘과 아이스 아메리카노를 얹고 유튜브를 보며 조는데, 밖에는 햇빛이 쨍하니 날이 너무 예쁜거야 누군가에게는 정말 별거 아니지만 그날 나에겐 너무너무 행복하고 소중한 순간이었어 헤헤

소소한 행복... 맘이 몽글해진다..ㅠ 앞으로의 목표가 뭐야? 목표에 대해서 이야기 해줘!

나는 음악을 전공하는 사람으로서 음악활동을 많이 하고싶어! 앨범도 자주 내고 싶구 유튜브에 커버곡 올리는 채널도 크게 키우고 싶어! 그러기 위해선 내가 정말정말 열심히 뛰어야겠지! 내가 지치지 않도록 응원 많이 해줘!

애니띵 독자들에게 한 마디!!!

안녕 애니띵 독자 여러분! 일단 긴 글 읽어줘서 너무너무 고마워~ 나를 알고 읽었든 이 글을 읽고 나서 나를 알게 되었든 이제 우린 한걸음 더 가까워진거야! 음악과 미술 그리고 '예술'이라는 것 무에서 유를 창조하는것. 사람의 마음을 움직이고 누군가의 상처를 치유하기도 하는 마법같은 행위, 우리는 그런 일을 하는거라고 생각해 그러니 우린 모두 멋진 사람들이야 때론 '내가 하는 이 행위가 과연 맞을까?' 라고 생각할지라도, '난 재능이 없나봐'라는 슬픈 생각이 들 지라도 그 순간에도 우린 모두 멋진 사람들이야 그러니 지치지말자! 나아가다보면 무수히 많은 갈래길이 나오거든!! 그 길 중에 나랑 딱 맞는 길 하나쯤은 있겠지! 같이 찾아 나아가자! 나도 아직 내 길을 찾는 중이야! 자 손잡아! 우리의 여정은 지금부터니까!!!

와!!!! 인터뷰인데 욕 쏠뻔. 혼또니 멋있네 밤양갱!!! 최고!!!!!!!! 달리자!! 가자!!!! 끝도 없는 미래로!!!! - 팻두 -

JND
STUDIO

하이퍼리얼 조형으로 이름난 JND 스튜디오가 1/6 스케일 액션피규어 라인 'KOJUN Works'로 확장하며 내놓은 첫 주자가 바로 히스 레저의 조커다. 실리콘·유리안구·식모 등 JND 특유의 표현력이 소형 스케일에서도 통하는지, 커뮤니티 반응과 함께 팩트로 점검한다.

KOJUN Works Heath Leadger Joker

WHAT IS

JND 스튜디오란 어떤 곳인가

JND 스튜디오는 한국을 기반으로 활동하는 하이엔드 피규어 제작사로, 실리콘 헤드·유리안구·식모(머리카락 식재) 기술을 결합한 1/3 스케일 하이퍼리얼 무비 스태츄로 이름을 알렸다. 이들의 작품은 극사실적인 피부 질감, 살아 있는 듯한 눈동자, 실제 머리카락을 심어 만든 헤어 표현을 통해 영화 속 인물을 그대로 재현하는 데 강점을 가진다. 이러한 기술력은 JND의 정체성으로 자리 잡았으며, 소비자들에게 '콜렉터를 위한, 콜렉터에 의한' 브랜드로 인식되고 있다.

KOJUN Works 1/6 조커 — 소형 스케일로 확장

JND 스튜디오는 'KOJUN Works'라는 새로운 라인을 통해 1/6 스케일 가동 피규어 시장에 진입했다. 첫 작품으로 선택된 캐릭터는 영화 다크 나이트의 히스 레저 조커다. 이 제품은 Type A, B, C의 세 가지 버전으로 출시되며, 각 타입별로 동봉 품목이 조금씩 다르다. 모든 버전에는 자석식 눈동자 컨트롤이 적용돼, 전용 펜을 이용해 시선을 자유롭게 조절할 수 있다. 또한 목과 손목 관절은 숨겨진 구조로 설계돼 실리콘 표면 아래에서 자연스러운 포징이 가능하다.

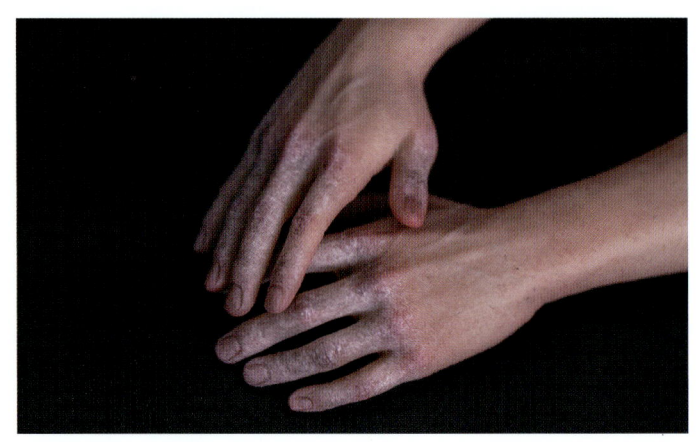

Type A 구성품

DETAIL

구성과 디테일

대표적으로 Type B 기준 구성에는 오리지널 표정 헤드와 스마일 헤드 두 가지, 히든 손목 관절을 적용한 실리콘 핸드 한 쌍, 추가 레진 핸드 두 쌍, 총기류·수류탄·수갑·현금 다발·조커 카드, 영화 속 장면을 재현할 수 있는 의자, 그리고 로트와일러 개 두 마리가 포함된다. 이러한 구성품은 여러 판매처와 공식 안내에서 동일하게 명시되어 있어 신뢰성이 높다. 소품들은 영화 속 상징적인 장면을 그대로 연출할 수 있게 해주며, '다크 나이트' 팬이라면 즉시 알아볼 수 있는 요소들이다.

Type A
990,000원

- 본체 바디: 1개
- 헤드 스컬프(식모헤드): 오리지널 표정 1개
- 베이스: 기본 베이스 1개
- 의상 세트: 오리지널 의상 1벌
- 실리콘 핸드: 히든 손목 관절 실리콘 핸드 1쌍
- 조형 손(레진): 장갑 손 2쌍
- 무기: 칼 1개, 권총 1개, 기관총 1개
- 소품: 수류탄 세트 1, 수류탄 트리거 1, 수갑 1세트, 현금 다발 1세트, 조커 카드 6장, 의자 1개
- 동물 액세서리: 없음
- 기타: 자석식 눈동자 컨트롤 펜 1개

Type B
1,690,000원
Type A + @

- 본체 바디: 1개
- 헤드 스컬프(식모헤드): 오리지널 표정 1개, *스마일 표정 1개
- 베이스: 기본 베이스 1개 + *베이스 탑 2개(아스팔트/목재)
- 의상 세트: 오리지널 의상 1벌
- 실리콘 핸드: 히든 손목 관절 실리콘 핸드 1쌍
- 조형 손(레진): 장갑 손 2쌍
- 무기: 칼 1개, 권총 1개, 기관총 1개
- 소품: 수류탄 세트 1, 수류탄 트리거 1, 수갑 1세트, 현금 다발 1세트, 조커 카드 6장, 의자 1개
- 동물 액세서리: *로트와일러 2개
- 기타: 자석식 눈동자 컨트롤 펜 1개

Type C
2,190,000원
Type B + @

- 본체 바디: 2개
- 헤드 스컬프(식모헤드): 오리지널 표정 1개, 스마일 표정 1개
- 베이스: 아스팔트 베이스 1개, *목재 베이스 1개
- 의상 세트: 오리지널 의상 1벌, *감옥씬 의상 1벌
- 실리콘 핸드: 히든 손목 관절 실리콘 핸드 1쌍, *히든 손가락 관절 실리콘 핸드 1쌍
- 조형 손(레진): 장갑 손 2쌍
- 무기: 칼 1개, 권총 1개, 기관총 1개
- 소품: 수류탄 세트 1, 수류탄 트리거 1, 수갑 1세트, 현금 다발 1세트, 조커 카드 6장, 의자 1개
- 동물 액세서리: *로트와일러 2개
- 기타: 자석식 눈동자 컨트롤 펜 1개

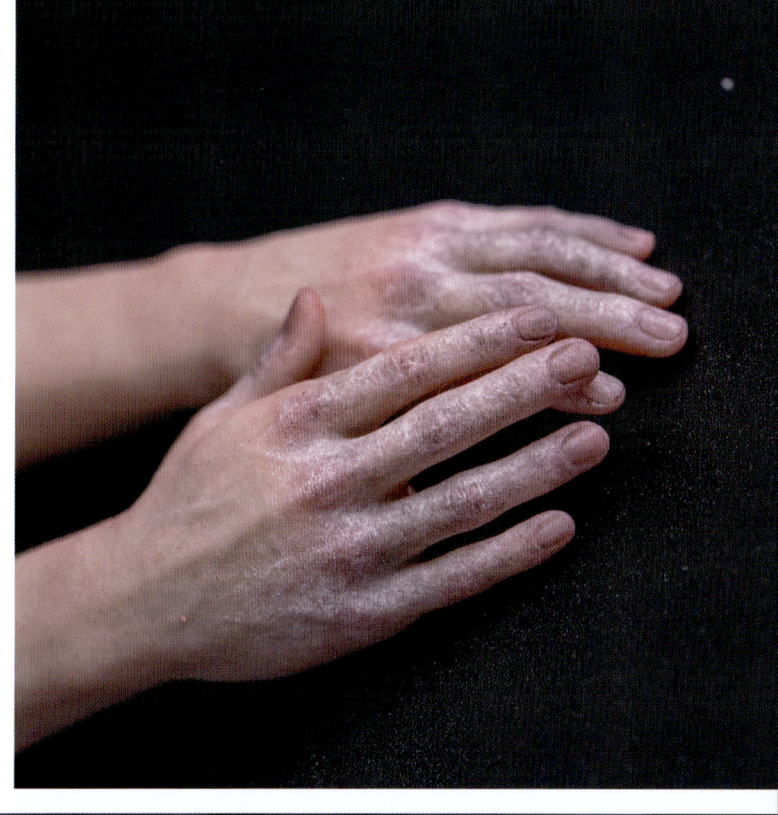

REVIEW POINT

해외 유튜브와 커뮤니티가 본 KOJUN Works 1/6 조커

출시 전부터 해외 유튜브 리뷰와 커뮤니티에서 뜨거운 관심을 받았다. 유튜브 채널 리뷰어들은 이 제품을 두고 "조형, 의상 디테일, 관절 구조, 기술력 모두 기존 제품과는 다른 수준"이라고 평하며, 일부는 "1/6 피규어의 미래"라고까지 표현했다. 그들이 가장 크게 감탄한 부분은 실리콘 표면 아래 숨겨진 관절과 자석식 안구 조절 기능이었다. 시선과 손 제스처를 자유롭게 연출할 수 있다는 점은 다른 브랜드의 조커 피규어와 차별화된 장점으로 꼽혔다. 레딧과 피규어 전문 포럼에서도 긍정적인 평가가 이어졌다. 오리지널 헤드의 유사도는 "각도에 따라 매우 훌륭하다"는 반응이 많았고, 의상은 재킷 어깨선, 라펠 각도, 타이와 조끼의 색상·재질이 피드백을 반영해 개선되었다는 점에서 신뢰를 얻었다. 또한 영화 속 장면을 재현할 수 있는 카드, 현금 다발, 수류탄, 의자 등의 소품 구성은 수집가들에게 강한 매력을 줬다.

그러나 모든 반응이 호의적인 것은 아니었다. 특히 스마일 헤드에 대해서는 "영화 속 히스 레저가 보여준 적 없는 표정"이며 거부감을 나타내는 의견이 적지 않았다. 일부는 "좋은 조형이지만 가격이 지나치게 높다"고 지적했다. 해외 커뮤니티에서는 1,000달러가 넘는 가격이 합리적인지에 대해 논쟁이 있었고, "이 정도 가격이면 핫토이 제품을 여러 개 살 수 있다"는 댓글도 나왔다. 내구성에 대한 우려도 존재했다. 실리콘 표면을 가진 가동관절 구조는 장기간, 잦은 포징 변경 시 손상 위험이 있다는 점이 지적됐다. 이에 따라 많은 리뷰어와 사용자들은 "장시간 과도한 굴곡 포즈를 피하고, 직사광선과 고온 환경을 피하며, 촬영 전 짧게 포즈를 조정한 뒤 전시할 것"을 권장했다.

종합하면, KOJUN Works 조커는 기술적 완성도와 연출 자유도 면에서 확실히 돋보이는 제품이다. 하지만 높은 가격과 내구성 리스크, 일부 표정의 호불호는 소비자가 신중히 고려해야 할 부분이다. 해외 리뷰와 커뮤니티 반응을 종합하면, 사진 촬영이나 전시 위주의 컬렉션에는 큰 만족을 줄 가능성이 높지만, 자주 포징을 바꾸며 사용하는 용도라면 장기적인 관리와 주의가 필수라는 결론에 이른다.

기술적 의의

이 제품은 JND가 1/3 스케일에서 확립한 기술을 1/6 스케일로 축소 이식했다는 점에서 의미가 크다. 실리콘 피부와 유리안구, 식모 헤어라는 세 가지 핵심 요소가 그대로 유지되어, 기존 JND 팬들에게는 친숙하면서도 새로운 크기의 선택지를 제공한다. 자석식 안구 조절과 히든 관절 구조는 타사의 동급 제품과 차별되는 포인트로 꼽힌다.

총평

촬영을 하며 느낀 점을 이야기해보자면, 관절의 뻑뻑함은 타브랜드와 비교가 확실히 되었다. 다만, 안구의 조정이 쉽지 않았다. 조커의 광기 어린 표정을 표현하고 싶었으나, 그러지 못하여 아쉬움을 많이 남긴 촬영이었다.
KOJUN Works 1/6 조커는 JND 스튜디오가 가진 하이엔드 조형·페인팅·의상 기술을 작은 스케일에 녹여낸 도전작이다. 시선과 손 포징의 자유도, 영화 속 장면 재현력이 뛰어나며, 피드백을 반영해 개선된 의상과 페인팅은 완성도를 한층 높였다. 다만, A타입에 있는 히든 손목 관절 핸드는 다른 구성과는 어울리지 않아 활용도가 매우 낮은 점이 아쉬웠다. 또한 일부 헤드 표정이나 헤어 톤, 헤어스타일링 등에 대한 호불호는 존재하므로, 실물 사진과 리뷰를 충분히 확인 후 구매를 결정하는 것이 바람직하다고 본다.

JND 조커를 소장 할 수 있는 기회!
지금 바로 빰 앱 래플에 도전하세요! - 25년 10월 24일까지!

Bring quality to your collection

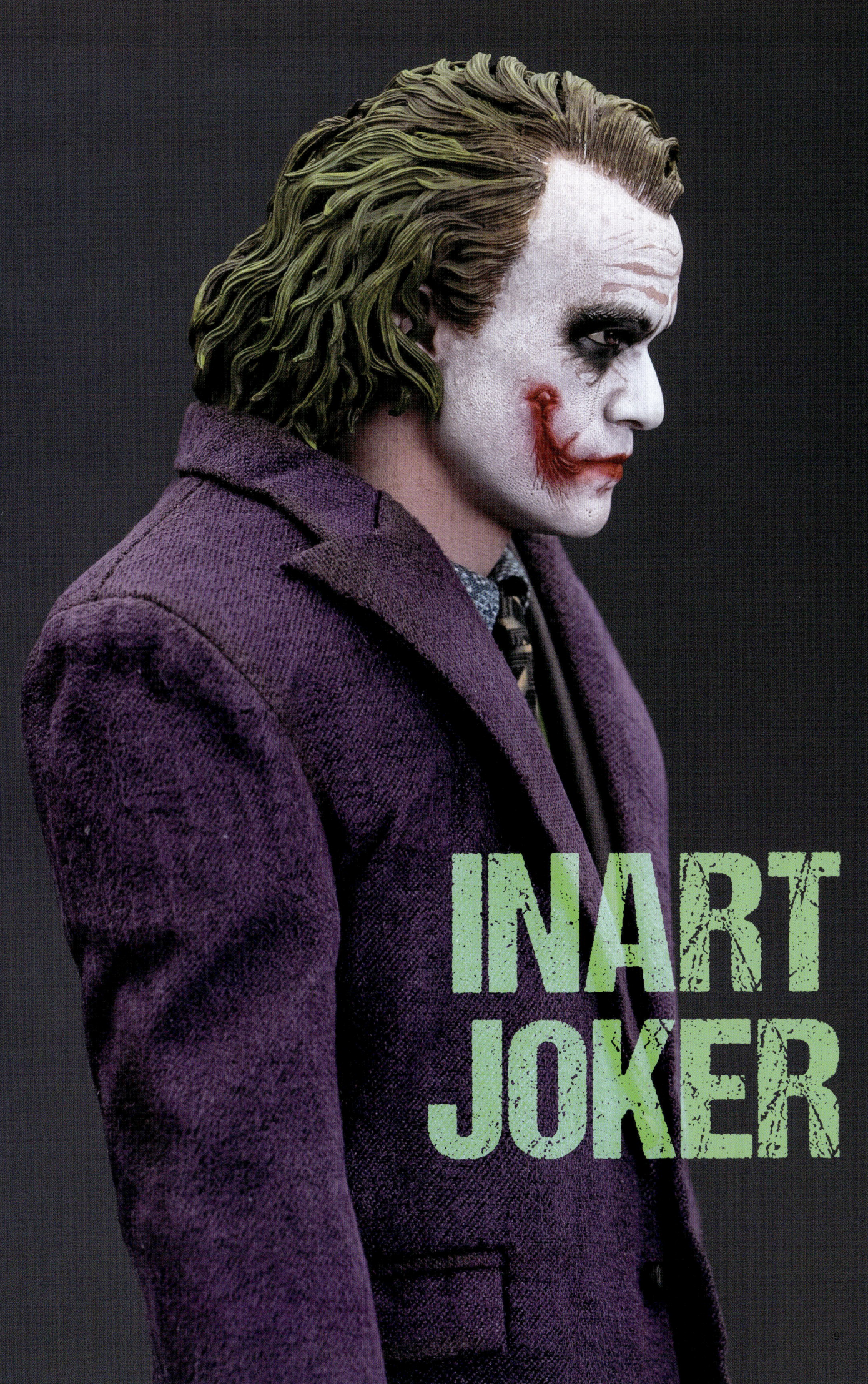

차세대 피규어의 이름, 인아트(INART)

하이엔드 피규어 시장에서 최근 가장 뜨거운 이름을 꼽으라면 단연 인아트(INART)다. 인아트는 중국의 대표 피규어 제작사 퀸 스튜디오(Queen Studios)와 긴밀히 연결된 브랜드로, 1/6 스케일 액션 피규어라는 비교적 전통적인 장르를 새로운 수준으로 끌어올렸다는 평가를 받고 있다. 설립 연도는 공식 채널에 따라 2021년과 2022년으로 표기가 다르지만, 업계에서는 2021년 팀이 구성된 뒤 2022년 본격적인 브랜드 론칭이 이루어진 것으로 보고 있다.

인아트의 지휘봉을 잡고 있는 이는 아트 디렉터 바이퍼(Viper)다. 그는 "Bring quality to your collection"이라는 슬로건 아래 단순히 닮은 인형을 만드는 것이 아니라, 팬과 수집가가 영화 속 장면을 눈앞에서 다시 경험하는 듯한 감각을 선사하는 데 집중해왔다. 이를 위해 인아트는 세 가지 차별화된 기술을 전면에 내세운다. 첫째는 실제 머리카락처럼 한 올 한 올 심어 넣은 루티드 헤어(식모), 둘째는 시선까지 연출할 수 있는 롤링아이 기믹, 셋째는 손과 액세서리를 자석으로 교체할 수 있는 마그넷 구조다. 이 혁신적인 접근은 "양산품과 커스텀의 경계를 허물었다"는 평가를 이끌어냈다.

대표작은 역시 다크 나이트의 히스 레저 조커다. 스탠다드, 프리미엄, 디럭스 식모 버전으로 출시된 이 제품은 출시 직후부터 국내외 커뮤니티를 뜨겁게 달궜다. 국내 디시인사이드와 네이버 카페에서는 "12인치 양산의 새로운 기준"이라는 찬사가 이어졌고, 해외 포럼에서는 루티드 헤어의 내구성과 높은 가격을 두고 현실적인 논의가 오가면서도 "핫토이와 비교 불가"라는 호평이 많았다. 해외 유튜버들은 언박싱 리뷰를 통해 "양산품 같지 않다", "히스 레저가 그대로 돌아왔다"는 극찬을 쏟아냈다.

조커를 시작으로 인아트는 《조커(2019)》 아서 플렉, 《반지의 제왕》 아라곤, 《듄》의 폴 아트레이데스, 《해리포터》 주요 캐릭터, 그리고 원더우먼까지 라인업을 넓히고 있다. 각 제품은 프리미엄과 스탠다드, 혹은 루티드와 조형모 버전으로 나뉘어 선택지를 제공하며, 모든 구성은 소품과 베이스까지 영화적 디테일을 강조한다.

국내에서는 칠링피규어(7ing)가 공식 총판으로 유통을 맡고 있으며, 판매가와 사양은 제품군에 따라 폭넓게 분화되어 있다. 브랜드 운영 과정에서 발매 지연이나 커뮤니케이션 부족에 대한 지적도 있지만, 첫 작품부터 "양산의 한계를 넘어섰다"는 찬사를 받은 브랜드는 흔치 않다.

짧은 시간 안에 글로벌 시장의 주목을 받은 인아트는 단순히 새로운 피규어 제작사를 넘어, 하이엔드 수집 시장의 판도를 바꾸는 '게임 체인저'로 자리매김하고 있다.

Heath Ledger

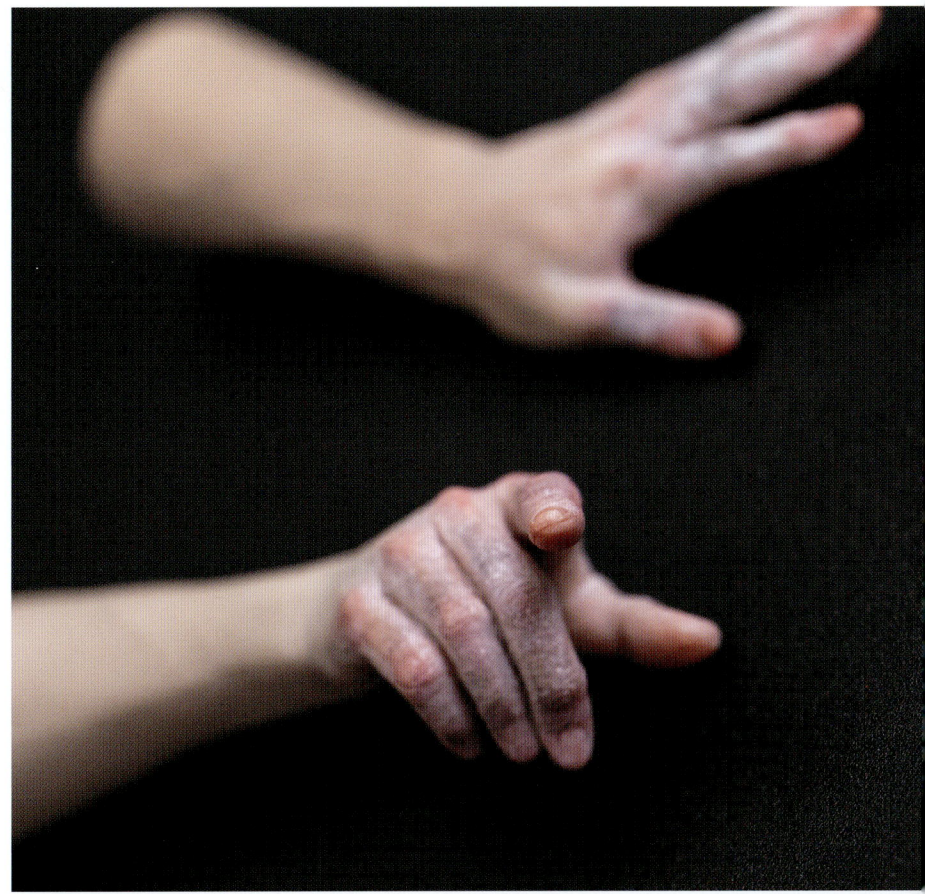

인아트 히스 레저 조커, 양산과 커스텀 사이에서

하이엔드 피규어 시장에서 인아트 히스 레저 조커는 여전히 뜨거운 화두였다. 영화 다크 나이트속 히스 레저의 강렬한 이미지를 재현한 이 피규어는 첫 공개부터 "양산품의 한계를 넘어섰다"는 찬사를 받았다.

스탠다드, 프리미엄, 디럭스 식모 버전으로 나뉜 제품군은 소비자 선택의 폭을 넓혔고, 특히 식모 버전은 현실감 있는 헤어 표현과 풍부한 구성으로 주목받았다.

해외와 국내의 상반된 목소리

해외 유튜버들은 언박싱 영상에서 피부 톤과 분장 표현, 의상 질감을 극찬하며 "양산품이라 믿기 어렵다"는 반응을 보였다. 특히 디럭스 식모 버전은 현실감 있는 모발 표현과 풍부한 소품 구성 덕분에 "히스 레저가 다시 돌아왔다"는 극찬을 받았다. 그러나 일부 리뷰에서는 높은 가격대와 식모 헤어 관리 난이도가 단점으로 지적되기도 했다.
국내 커뮤니티의 분위기도 크게 다르지 않았다. "12인치 양산의 새로운 기준"이라는 호평이 이어졌고, 자석식 손파츠 교체의 편의성은 긍정적으로 평가되었다. 하지만 동시에 식모 밀도의 균일성과 세팅 난이도에 대한 아쉬움이 언급되었고, 자석 스탠드의 안정성 문제나 관절이 헐거워 자립이 쉽지 않았다는 불만도 제기되었다.

일부에서는 짙은 화장이 어색하다는 지적과 함께, 발매 지연이나 소통 부족 같은 운영 문제를 꼬집는 목소리도 있었다.
그럼에도 불구하고 국내외를 막론하고 공통적으로 인정된 부분은 의상의 핏과 디테일이었다. 원단의 질감, 옷 주름, 색감이 영화 속 조커를 그대로 떠올리게 했다는 평가가 많았으며, 소품 하나하나의 완성도가 뛰어나다는 반응이 이어졌다. 무엇보다 가격 대비 구성이 충실해, 여러 아쉬움에도 불구하고 "소장 가치가 충분하다"는 의견이 국내외 커뮤니티에서 공통적으로 확인되었다.

총평

인아트 히스 레저 조커는 분명 완벽한 제품은 아니었다. 관절의 안정성과 세부 마감에서 아쉬움이 있었고, 관리가 필요한 식모 헤어는 호불호가 갈렸다. 그러나 의상 핏과 디테일, 그리고 가격 대비 충실한 구성은 여전히 강점으로 남았다. 해외와 국내 모두에서 호평과 지적이 공존했지만, 이 제품이 보여준 새로운 가능성은 부인하기 어렵다. 결국 인아트 조커는 양산과 커스텀 사이의 경계를 허물며, 하이엔드 피규어 시장에 새로운 기준을 세운 기념비적인 작품으로 기억될 것이다.

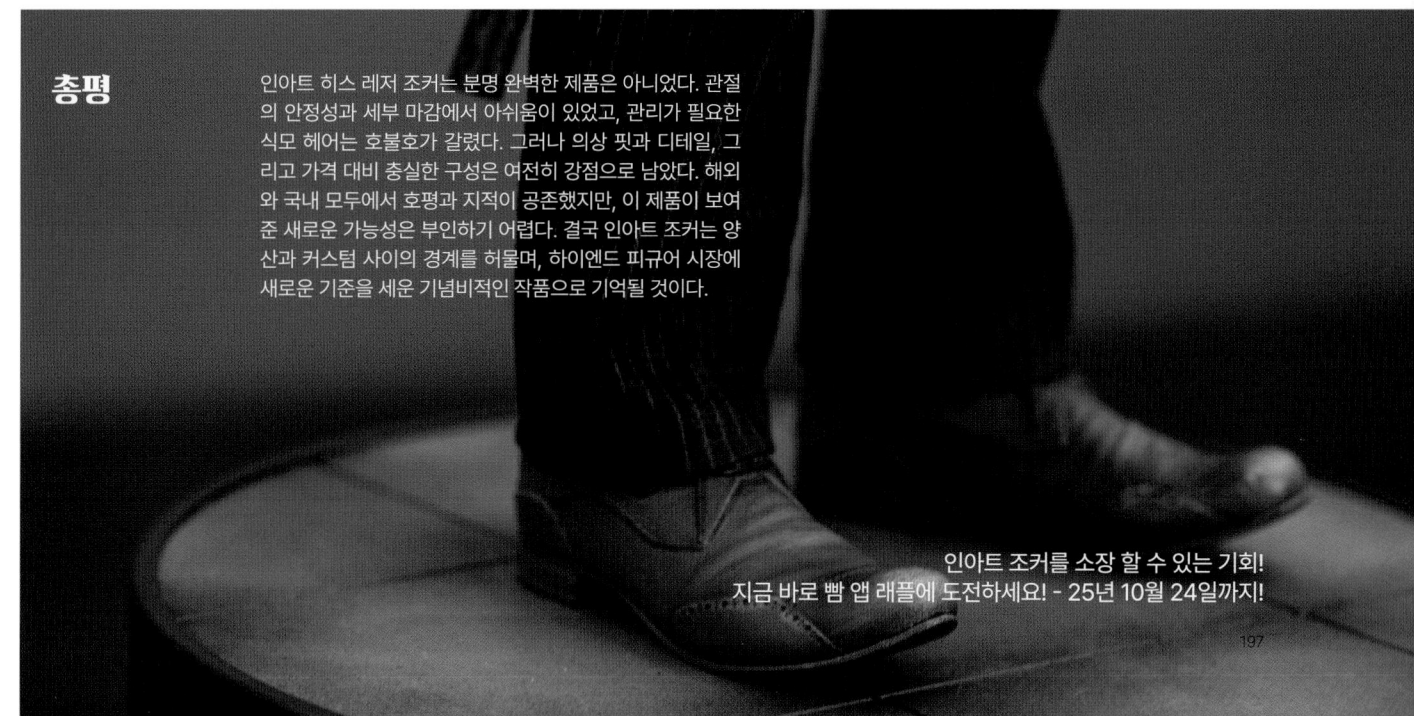

인아트 조커를 소장 할 수 있는 기회!
지금 바로 빰 앱 래플에 도전하세요! - 25년 10월 24일까지!

팻두의 인터뷰텔링

INTERVIEW
마키

(일본어로 인터뷰를 진행하고 번역하였습니다.)

마키짱, 야호~!! 인터뷰에 나와줘서 고마워요! 우선 자기소개 부탁해~!

♥하와이의 귀여운 천으로 만드는 ALOHA BEAR 와 하기레쨩 강사로 있는 Maki입니다! 테디베어 만들기를 시작한 지 올해로 30년! ALOHA BEAR를 만들기 시작한지 18년이 되었습니다! 하와이랑 한국이 너무 좋아♥한국은 40번 이상 갔어!!

일본 어디에 살아? 살고 있는 동네의 자랑 포인트를 가르쳐줘~!!

♥한국사람들도 알고있을까?! 블루라이트 요코하마라는 노래의 요코하마에 살고있어!! 저희 아틀리에는 후지산이 보이거든요~ 후지산을 보면서 인형을 만들고 있어요 그 아틀리에서 레슨도 하고 있기 때문에, 운이 좋으면 레슨 중에 후지산을 볼 수 있어요
요코하마에는 미나토미라이, 차이나타운, 아카렌가창고, 야마시타공원 등이 있어서 요코하마의 야경은 최고로 세련되고 멋집니다!
내가 추천하는 장소는 코끼리 코파크야!! 미나토미라이의 대관람차나 랜드마크 타워, 붉은 벽돌 창고의 야경이 아름답게 보이는 공원이야. 바로 바다니까 파도소리를 들으면서 이 야경을 볼 수 있으니까, 굉장히 힐링 돼!! 드라마의 촬영지이기도 하니까, 밤에는 로맨틱하고 멋진 장소니까 추천!! 나는 가끔, 워킹하러 가거나, 자전거로 가거나 해!!
정말 좋아하는 장소야~

저 귀여운 동물 인형들, 어떻게 태어났어? 인형 만들기는 언제부터 하는거야?

♥처음에는, 모헤어로 만드는 본격적인 테디베어 만들기를 하고 있어, 귀여운 베어를 만들기 위해서, 매일 필사적으로 만들었지만, 일본에는 테디베어 작가가 많이 있기 때문에, 모두와 다른 것을 만들고 싶다고 생각했어! 그래서 컬러풀하고 귀여운 하와이 천을 발견하고, 이걸로 만들면 귀여울지도?! 라고 생각해서 만들어 보니, '너무 귀엽다!'가 되어, 거기서 알로하베어라는 이름을 붙이고, 알로하베어 작가로서 활동을 시작했습니다!! 그게 2007년 5월쯤이야. 그러니까 벌써 18년 정도 만들고 있어~
지금, ALOHA BEAR는 30종류, 하기레쨩은 25종류 있는데, 손님이나 학생으로부터, 리퀘스트를 받고 신작이 태어나거나, 스스로 만들고 싶다고 생각하는 동물이 있으면, 그 동물의 사진을 많이 모아서, 마냥 바라보고 있어 자신의 머리 속에서 그 동물이 ALOHA BEAR스러운 모양이 되면, 스케치해서 모양을 만들어 단번에 완성하는 느낌으로 만들고 있어. ALOHA BEAR다운 형태가 되기까지 너무 시간 걸릴까~ 완성까지 몇년이나 걸리는 아이도 있고, 1주일 정도면 완성한 아이도 있고, 각각 다르겠지. 어느 아이나 애착이 있고 귀여운 아이들입니다!!
최근에는, 도마뱀의 요청이 있어서, 전철 안에서도 계속 도마뱀의 화상을 찾거나 보고 있었기 때문에, 도마뱀의 사진만 보고 있는 대단한 사람이라고 생각했을지도?! 최근에는 하와이안 몽크씰(하와이에 있는 멍멍이)의 사진만 보고있어 조만간 탄생할 예정입니다!! 아! 물론! 팻두의 악구리도 만들고 있어 즐겁게 기다려!!

맞아!! 악구리랑 콜라보 준비하는 마키!!! 기대하고 있어 ㅎㅎㅎ 핸드메이드로 하나하나 손바느질을 하고 있는 것을 보고, 굉장히 힐링이 되었지만… 왜 손바느질을 고집하고 있는 거야?

♥빨리 만든다면 재봉틀이 더 빨리 완성되지만, ALOHA BEAR의 아이들은 모두 둥그스름한 귀여운 모양이므로 재봉틀로 그것을 꿰매는 것은 매우 어려워.

몇 번이나 도전하고 있지만, 역시, 완성된 아이들은 뭔가, 어색하고, 귀엽지 않고, 뭔가 달라!!
손바느질 쪽이, 예쁜 동그라미가 나오고, 따뜻함이 있는 상냥한 아이가 완성돼~
그래서 손바느질을 고집하고 있어! 그건, 학생들도 모두 공감해 주고, 학생들도 손바느질을 고집해서 제작해 주고 있어!

디즈니랜드랑 콜라보 했던거 봤어!! 너무 대단해!! 어떻게 그런 콜라보가 성사됐어? 자세히 알려줘~! 어떤 인형을 냈는지도 궁금해!
♥디즈니 랜드에서의 판매는, 이제, 이것은 정말로 행운이었어!!
일본의 어패럴의 전시회에 출전했을 때, 디즈니랜드 중에서 하와이안의 상품을 취급하고 있는 가게가 있어서, 그 가게의 바이어와 만나, ALOHA BEAR 20개 한정으로 판매하고 싶다! 라고 오더가 온거야!! 정말이야?! 라고 굉장히 기뻤어!! 왜냐하면, 모두가 정말 좋아하는 디즈니랜드니까!!!! 2011년 11월에 정글크루즈 옆의 숍에서 판매해서 디즈니를 좋아하는 친구들이 굉장히 기뻐하고, 모두가 가게에 가주고, 자랑해줬어!! 이 판매를 계기로, ALOHA BEAR를 알아준 사람도 많이 있어서, 정말로 행운이었어!!

디즈니랜드 용으로 재료도 좋은 것을 생각해서, ALOHA BEAR®의 눈을 독일제 유리의 눈을 사용하고 싶다고, 했더니, 디즈니랜드에서 판매하는 것은 꿈을 깨면 안 되기 때문에 만일 유리 눈이 깨지거나 하면 매우 충격적일 것이고, 다치게 해서도 안되기 때문에 플라스틱 눈으로 부탁드립니다! 라고 말했을 때는, 사준 사람의 꿈을 깨지 않는다는 정신에 매우 감동받았어.
그리고, 나도 ALOHA BEAR®는 꿈을 깨지 않는 인형으로서 봉제나 제대로 된 것을 만들어 가고 싶다고 생각했어!!

지금까지 만든 것 중에, 가장 마음에 드는 인형은? 나는 그 오리같은 요괴 굉장히 좋아하는데!! 마키가 특히 애착이 가는 아이는 누구야? (사진도 보여줘~!)

♥아!! 일본의 요괴 아마비에, 마음에 들었지!! 그건 코로나가 창궐했을 때 일본에서 역병 퇴치의 요괴로 아주 유행했던 거야. 지금도 인기있는 인형입니다!! 나는 역시 ALOHA BEAR인데, ALOHA BEAR와 세트로 만든 커다란 오리가 너무 좋아!! 나는 러버덕을 너무 좋아해서 모으고 있는데~ ALOHA BEAR에 어울리는 오리를 만들고 싶어서 열심히 만들어봤어 ALOHA BEAR가 오리의 등을 탈 수 있어~
만드는 동안은 빨리 완성되지 않을까 하고 히죽히죽 웃으면서 만들었어. 완성해서 등에 얹었더니, 정말 귀엽고, 굉장히 해피한 기분이 들었지!!
오사카에서 큰 오리 전시가 있었을 때, 오사카까지 가서, ALOHA BEAR와 오리와 함께 사진을 촬영했을 때는, 굉장히 즐거웠다!! 그리고 또, 호랑이 고양이의 싸리짱!! 어렸을 때 갈색 얼룩 고양이로 이름은 그대로 '토라'라는 고양이가 항상 내 옆에 있었어. 잘 때도 항상 함께. 내 얘기도 들어주고~ 항상 옆에 있어서 내 힐링이 되어줬어. 그 호랑이를 생각해서 만든 호랑이 고양이의 치리짱!! 한국에서는 호랑이 고양이는 치즈냥이라고 한대!! 너무 귀여워 치즈냥이의 키레짱은, 만들 때마다 들고 다니면 꼭 '그 아이, 갖고 싶으니까 팔아주세요!!'라고 말해버려. 여러분, 저와 같은 치즈냥이 좋아하니까, 저도 모르게 양보하게 되어 결국, 언제나 없게 되어버려!! 분명 또 만들면, 바로 새로운 가족에게 가버릴지도 몰라!! 분명 내 치즈냥이에 대한 사랑이 담겨있기 때문에 다들 갖고 싶어지는 걸까?!

한국에서도 일러스트 페어나 캐릭터 라이선싱 페어에 참여하지? 앞으로 한국에서는 어떤 활동을 하고싶어?

♥한국의 손님은, 여러분 건강하고 귀엽고, 항상 건강 파워를 많이 받고 있습니다!! 그래서 이벤트에 많이 나가고 싶어! 물론, 개인전도 해보고싶어!! ALOHA BEAR와 하기레짱 만들기 워크샵도 하고싶다!!
코로나 전에는 강남에 있던 우쿨렐레라 숍의 로코망고씨의 우쿨렐레라 교실을 빌려서, 하기레짱이나 ALOHA BEAR의 레슨을 하고 있었어! 지금 수원으로 이전되어서, 서울에서는 할 수 없게 되었지만, 워크숍 할 수 있는 곳이 있다면 또 하고 싶다!! 또, 한국의 카페와 콜라보로 ALOHA BEAR CAFE를 해보고 싶다!! 카페 안에 알로하베어랑 키레짱을 꾸미고, 귀여운 팬케이크나 요리를 함께 생각하고, ALOHA BEAR와 요리를 즐길 수 있는, 행복한 공간을 만들어 보고 싶다 !!!! 일본에서는 하와이의 알로하 테이블씨와 콜라보해서 큰 호평을 받았답니다~ 그것을 한국에서도 해보고싶다!! 카페 주인분들!! 꼭 잘 부탁드립니다!!
일본과 마찬가지로, 한국에서도 더 적극적으로 활동하고 싶다고 생각하고 있기 때문에, 여러분, 꼭 연락 주세요!!!!

저 귀여운 동물들, 모두가 어떤 마음으로 가졌으면 좋겠어? 어떤 식으로 아껴줬으면 좋겠어?

♥ALOHA BEAR의 아이들은 치유의 힘을 가지고 있기 때문에, 항상 옆에 두었으면 좋겠고, 열쇠고리라면 가방에 붙였으면 좋겠다!! 무심한 일상에서 지쳤을 때, 기운이 날 수 있게, 눈에 띄는 곳에 두고, 만지고, 쓰다듬고 하면서, 치유와 기운을 받았으면 좋겠다!!
어떤 손님이, 싸리짱을 현관의 장식장에 장식해 주어서, 「일하고 들어와서 피곤했을때, 싸리짱을 보면, 피로가 싹 가셔!!」라고 말해 주었을 때, 싸리짱 만들고 있어서 다행이라고 생각했어!!
그 밖에도 입원해 있는 가족을 위해 싸리짱을 만든 학생들이 있어서 가족이 정말 힐링되고 웃는 얼굴이 늘었다는 소식을 들으니 정말 기쁘네! ALOHA BEAR와 하기레짱으로부터 치유와 원기 파워를 받았으면 좋겠다!!

또 한국 올 계획 있어? 가르쳐줘~! 내친김에 올해의 목표 같은 것도 있으면 물어보고 싶어!

♥지금 시점에서는, 다음 한국행은 정해지지 않았지만~내년 일러스트레이션 코리아에는 나가고 싶다고 생각하고 있어!!
올해는 9월20일에 오사카의 이벤트에 출전할! 사실 오사카는 처음이라서 두근두근 거려요! 그리고, 도쿄의 이벤트도 뭔가 나가고 싶다고 생각하고 있습니다!! 실은, 「알로하베어의 여름방학」이라고 하는 개인전을 2011년부터 쇼나이 공항의 갤러리에서 했는데, 코로나도 있어서, 2019년을 마지막으로 공항에서의 개인전은 끝나버렸어. 하지만, 도쿄에서 개인전을 하거나, 개인전을 할 수 없을 때는 ALOHA BEAR의 색칠놀이 대회를 하거나, 인스타 라이브로 다함께 하기레짱 인어를 만들거나, 다양한 형태로, 여름의 이벤트로서 계속해 오고 있어! 올해로 15년째니까, 뭔가 하고 싶다고 생각하고 있습니다!! 8월이나 9월에!! 끊기지 않고 무언가를 계속하는 것은 힘들지만 가늘고 길게 계속하는 것으로, 동료도 늘고, 다양한 경험치를 쌓을 수 있기 때문에, 앞으로도 20회, 30회로 계속할 수 있도록 노력하고 싶어!!

'애니땅'의 독자에게 메세지 부탁해! 핸드메이드로 작품을 만들고 있는 사람들에게 응원 메세지도 꼭!!

♥자신이 만드는 작품을 믿고, 즐기면서 계속 만들어 주세요! 힘든 일도 있지만, 만드는 기쁨과 누군가를 미소 지을 수 있는 행복을 잊지 말고 ♡ 당신의 작품을 기다리는 사람이 반드시 있으니까요!! 함께 Happy&Smile한 세상을 펼쳐보세요!

우아 인터뷰 고마워 ㅠㅠㅠ 앞으로 국내외에서 많은 활동 보여줘!!!! 화이팅!! - 팻두 -

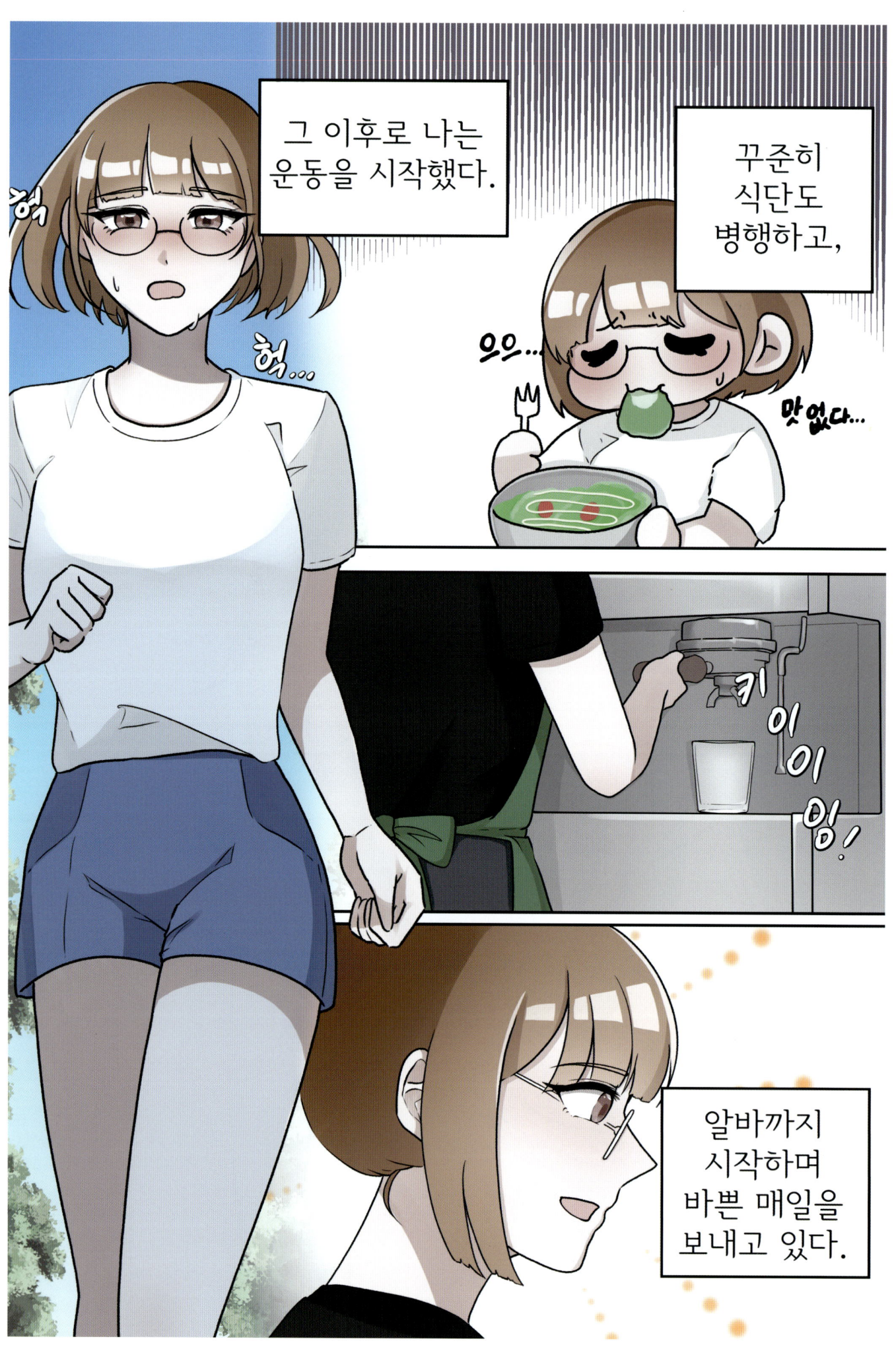

Editorial
에디터	박준호 (제이덕후)
에디터	이두환 (팻두)
디자이너	이은미
도움	최연봉

Photo
Director	JNSTUDIO 박준호
Photography	JNSTUDIO Bong 작가
Photography	JNSTUDIO Yoi 작가

Cooperative Company
아티팩토리
래빗츠컴퍼니
다이나믹컬렉터
굿스마일코리아
아미아미
FEXT
도쿄피규어
AWAFE
숄더픽

Printing
(주)중앙피앤씨 임현재 인쇄인
서울 중구 충무로22 호운빌딩 2층

Creator
팻두
제이덕후

Participants
리엔
마키
밤양갱
소드
슬링키
캥여사
토비
홍실장

Anithing 공식 SNS
인스타그램	instagram.com/anithing.mgz
X(트위터)	x.com/anithingkr

광고 제휴 문의
anithing_kr@naver.com

출연, 섭외 문의
anithing_kr@naver.com

Thanks to Supporter
뉴피스(JS코퍼레이션), 와이스(볼라), 빰(만든다), 래빗츠컴퍼니, 아미아미

V.I.P
고준혁, 구시현, 권순근, 김민호, 김수종, 김영용, 김옥주, 김주영, 김현섭, 남상호, 박기훈, 박상호, 박석현, 박진성, 박진호, 배종원, 백승엽, 백종현, 송규호, 신창한, 안영승, 엄유일, 오연석, 유성훈, 윤상혁, 이경용, 이민호, 이주봉, 이진호, 이태우, 이효준, 이종훈, 임광진, 임재윤, 장귀순, 조범규, 조지훈, 지용덕, 최연봉, 하동준

이 매거진은 작은 팀이 정성껏 준비하고 있습니다. 더 많은 이야기를 담아내기 위해 독자님의 응원이 필요합니다.
후원은 제작비와 다음 호 발간에 소중히 사용됩니다.
국민은행 908901-00-067395 박준호(원포올) / 영수증 발행을 원하실 경우 070-8027-2829 로 연락주세요!

발행처 : 원포올 강원특별자치도 원주시 능라동길72 3층 원포올 tel.070-8027-2829
2025년 9월호 통권 제4호 등록일자 2024년 10월 24일 등록번호 원주 바-00005

ISSN 3058-7123